Le petit livre des crêpes salées et sucrées

Héloïse Martel

Le petit livre des crêpes salées et sucrées

FIRST Editions

ISBN 978-2-87691-755-2
Dépôt légal : 2e trimestre 2003
Imprimé en Italie

Conception graphique : Pascale Desmazières

Éditions First-Gründ
60, rue Mazarine
75006 Paris - France
Tél. : 01 45 49 60 00
Fax : 01 45 49 60 01
e-mail : firstinfo@efirst.com
www.editionsfirst.fr

Introduction

Nous avons tous une tendresse particulière pour les crêpes, dessert traditionnel au goût d'enfance qui fait partie de notre patrimoine gastronomique. Salées ou sucrées, elles constituent une variante savoureuse à la cuisine traditionnelle. « Bonnes pâtes », c'est le cas de le dire, elles s'accommodent de garnitures variées, au gré de l'imagination ou de la richesse du placard. Économiques et nourrissantes, elles ont leur place à table dans les repas familiaux ou rustiques. Inventives, elles sont aussi appréciées dans les dîners raffinés.

Petite histoire des crêpes

Les céréales furent la base de l'alimentation des hommes depuis la Préhistoire. Les premiers gastronomes ont vite évolué de la bouillie de blé ou d'avoine vers la galette, mélange plus ou moins épais de farine et d'eau auquel le lait et les œufs, un peu plus tard, donnèrent l'allure d'un plat élaboré.

La fête de la Chandeleur naquit à Rome au début de l'ère chrétienne. Cette « fête des chandelles », qui avait lieu le 2 février, commémorait la Présentation au Temple à Jérusalem de l'Enfant Jésus et la Purification de la Vierge. Les pèlerins qui cheminaient à la lueur de chandelles se voyaient offrir des gâteaux qui ressemblaient fort à nos crêpes actuelles. Cette tradition religieuse donna lieu à des coutumes plus païennes qui tiennent de la superstition. Ainsi, d'après la légende, faire sauter une crêpe en tenant dans la paume de sa main une pièce de monnaie garantit, si la crêpe retombe bien à plat dans la poêle, la prospérité. On assurait aussi qu'une crêpe déposée en haut d'une armoire de la maison assurait la protection contre la pauvreté…
Les ouvrages littéraires évoquent, dès le Moyen Âge et jusqu'au XVIIIe siècle, les marchands « d'oublies », ancêtres ambulants de nos crêperies modernes. Un peu plus tard, Anatole France en fit même l'éloge dans le journal *Le Temps !*

Crêpes d'ici et d'ailleurs

La crêpe évoque, bien sûr, la Bretagne, mais elle n'a pas de frontières et nombreuses sont ses variantes, nationales et internationales.
Tout d'abord, distinguons la crêpe de la galette : la crêpe est composée de farine de froment, alors que la galette est faite à partir de farine de sarrasin, le plus souvent adoucie d'une petite proportion de farine de froment.
Dans l'Hexagone, la crêpe change de nom selon les régions, certaines appellations très imagées ne manquant pas de sel : tourtou en Limousin, crépiau en Normandie, farinette ou pachade dans le Cantal, et très explicitement matefaim ou bourre-coquin en Auvergne…
En Angleterre, les muffins sont servis avec le thé, accompagnés de marmelade d'orange amère. Aux États-Unis, les pancakes, souvent nappés de sirop d'érable sont incontournables. En Russie, les blinis sont les compagnons des poissons fumés. En Inde,

les chapati font office de pain pour adoucir le feu des curry. En Asie, les galettes de riz enrobent crustacés, viandes et épices parfumées. En Amérique latine, fajitas, tacos et tortillas à base de farine de maïs agrémentent guacamole et chili.

La préparation des crêpes

Réussir une crêpe, c'est un jeu d'enfant, et le tour de main s'apprend vite. Mais pour obtenir un bon résultat, il faut néanmoins respecter certains principes : une juste proportion d'ingrédients (elle vous est indiquée dans chaque recette), un temps de repos assez long (1 à 2 heures) et une poêle de bonne qualité.

• Les ingrédients

Ils sont si basiques qu'il est presque toujours possible d'improviser une crêpes-partie : la farine de froment (pour pâtisserie) pour les crêpes, la farine de sarrasin pour les galettes, la farine de maïs pour les tortillas ; des œufs frais ; du lait entier ou demi-écrémé qui peut être remplacé ou complété par de l'eau, de la bière ou du cidre qui allègent la pâte ; du beurre doux ou demi-sel ou encore de l'huile d'arachide ou de tournesol ; un peu de sel. La crêpe nature s'accompagne de beurre et de sucre. Les oranges et les pommes constituent une garniture traditionnelle et délicieuse pour les crêpes de froment, et le jambon, le fromage et les œufs sont de parfaits compagnons pour les galettes de sarrasin. Mais d'autres combinaisons sont tout aussi savoureuses et plus originales. Nous vous invitons à les découvrir dans ce *Petit Livre.*

• Les ustensiles

Un saladier, un fouet, une cuillère en bois, une louche sont nécessaires à la préparation de la pâte.

Pour une cuisson uniforme, la qualité de la poêle est essentielle. Utilisez une poêle à revêtement antiadhésif à bord bas (appelée crêpière) que vous réserverez à cet usage. Il est

préférable de ne pas la laver, vous la nettoierez simplement avec un chiffon humide sans détergent. Mais tout autre poêle à bord haut d'un diamètre de 20 à 30 cm peut aussi faire l'affaire.
Les grands amateurs de crêpes peuvent investir dans un « bilig », crêpière de professionnel, électrique ou à gaz.
Pour les blinis, les pancakes, les muffins, utilisez une poêle antiadhésive de 12 cm de diamètre.

• Les astuces pour réussir vos crêpes

Les grumeaux
Pour les éviter, travaillez la pâte au fouet et versez le lait ou l'eau très progressivement. Si des grumeaux se forment malgré cette précaution, passez la pâte à la passoire fine.

Le temps de repos de la pâte
D'une durée de 1 à 2 heures, il permet à la pâte de se détendre et de s'assouplir. Attention, au-delà de 6 heures d'attente, la pâte peut fermenter.

La cuisson

Une bonne crêpe doit être uniformément dorée sur une face, criblée de petites alvéoles sur l'autre, et présenter une consistance moelleuse. Pour obtenir ce résultat, veillez à bien respecter les proportions des ingrédients et à cuire la crêpe à feu modéré.

Graissez la poêle avec un soupçon de beurre ou d'huile entre chaque crêpe. Afin d'avoir la main aussi légère que possible, utilisez un pinceau, ou un « gnon », tampon de tissu ou de papier absorbant enroulé sur le manche d'une cuillère en bois et imbibé de corps gras.

La première crêpe est presque toujours ratée ; ne vous en formalisez pas, c'est normal, il faut que la poêle se « culotte ». Ratée, mais délicieuse quand même, alors ne vous en privez pas !

La conservation

Enveloppez les crêpes cuites d'un papier d'aluminium ménager et placez-les au frais, mais n'attendez pas plus d'une journée pour les consommer.

Le réchauffage
Si vous dégustez les crêpes peu de temps après les avoir fait cuire, mettez-les sur une assiette placée sur une casserole remplie d'eau maintenue bouillante qui les gardera au chaud. Vous pouvez aussi les réchauffer dans une poêle avec un soupçon de beurre, mais évitez le four qui les dessèche.

La présentation des crêpes

La formule la plus élémentaire consiste à apporter sur la table l'assiette de crêpes empilées, chacun se servant avec une fourchette et choisissant sa garniture : beurre, sucre, confiture, pâte chocolat-noisettes…
Dès que la garniture est plus élaborée, les crêpes doivent être pliées. Vous les disposez soit directement sur chaque assiette, soit sur un plat de service.

• Le pliage des crêpes
Ce pliage peut varier, selon la nature de la

garniture et selon votre dextérité.
Voici quelques suggestions pour une garniture cachée :

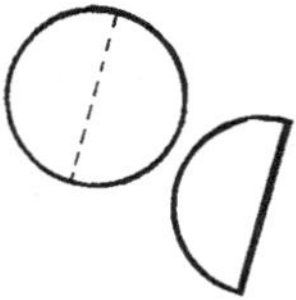

La demi-lune : posez le crêpe sur l'assiette, garnissez-la, puis repliez-la simplement en deux.

Le quart de lune : pliez la crêpe en demi-lune, puis repliez-la en deux ; cette présentation est recommandée pour les crêpes flambées.

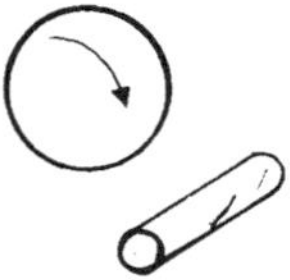

La roulade : étalez la garniture sur toute la surface de la crêpe, roulez-la ensuite souplement sur elle-même ; ce pliage convient bien aux crêpes destinées à être gratinées.

L'aumônière : déposez la garniture au centre de la crêpe et refermez-la en aumônière en la fermant avec un lien : gousse de vanille, raphia, torsade en papier d'aluminium… Cette présentation raffinée convient à une garniture assez solide.

Et enfin pour une garniture apparente :

Le col de chemise : pliez la crêpe en demi-lune, étalez la garniture,puis repliez les deux bords vers le centre sans les joindre afin de la laisser apparaître.

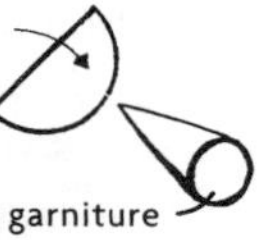

Le cornet : pliez la crêpe en demi-lune, déposez la garniture au centre, puis roulez-la de façon à former un cornet.

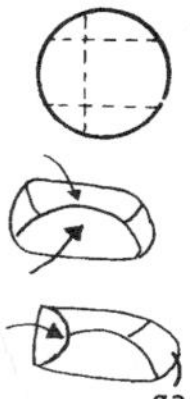

Le chausson : tartinez la crêpe avec la garniture, repliez deux pans en les faisant se chevaucher, puis rabattez un des côtés de la crêpe sur un tiers de sa hauteur en laissant apparaître la garniture.

• Le flambage des crêpes
Élégant, il donne à votre dessert une note raffinée et permet de laisser s'évaporer l'alcool tout en gardant le parfum intact. Faites chauffer la liqueur choisie dans une petite casserole, arrosez-en les crêpes et craquez une allumette au-dessus du plat en prenant garde de ne pas vous brûler. Apportez à table immédiatement.

Retrouvez le charme des grandes recettes traditionnelles, et découvrez la saveur des crêpes et des galettes inventives, voyagez avec les crêpes du monde entier : ce *Petit Livre* vous propose plus de 100 recettes délicieuses, à déguster en apéritif, en entrée, en plat principal et en dessert.

Bon appétit !

Niveau de difficulté :

très facile
facile
élaboré

•

CRÊPES À L'INDIENNE OU CHAPATI

4 personnes **12 CRÊPES**

• 250 g de farine • 2 cuil. à soupe d'huile d'arachide • 1 cuil. à café de graines de cumin • sel

Réalisation

Mettez la farine dans un saladier, creusez un puits et ajoutez le cumin, une bonne pincée de sel, une cuillerée à soupe d'huile et 10 cl d'eau tiède. Pétrissez la pâte pendant 15 minutes, enduisez-la d'huile et laissez-la reposer à proximité d'une source de chaleur pendant 12 heures. Mettez la pâte sur un plan de travail fariné, étalez-la très finement et découpez des crêpes de 10 à 12 cm de diamètre. Faites-les cuire à feu doux sans matière grasse pendant 1 minute sur chaque face dans une poêle à blinis.

■ **Notre conseil :** servez ces crêpes avec des concombres raïta, un curry ou du poulet tandoori.

BLINIS AU TARAMA

4 personnes **12 PIÈCES**

Pâte :
- 175 g de farine • 10 g de levure • 25 cl de lait • 2 œufs
- 20 g de beurre • sel

Garniture :
- 1 pot de tarama • 1 citron non traité

Réalisation

Faites tiédir un verre de lait. Mettez 30 g de farine dans un saladier, ajoutez la levure et versez le lait en remuant constamment pour obtenir une pâte molle. Couvrez et laissez reposer 1 heure à température ambiante pour que la pâte double de volume. Cassez les œufs en séparant les blancs des jaunes.

Versez le reste de farine dans une terrine, faites un puits, ajoutez une pincée de sel et les jaunes d'œufs, mélangez, puis ajoutez le levain sans cesser de remuer. Délayez peu à peu avec le reste de lait. Couvrez et laissez reposer à nouveau pendant 30 minutes dans un endroit tempéré.

Battez les blancs d'œufs en neige ferme avec une pincée de sel et incorporez-les délicatement à la pâte. Faites fondre la valeur d'un petit pois de beurre dans une poêle à blinis. Versez une petite louche de pâte dans la poêle et laissez cuire à feu doux jusqu'à ce que les bords soient dorés. Retournez le blini et laissez cuire sur l'autre face. Glissez-le sur une assiette chaude. Faites cuire les autres blinis de la même façon. Mettez les blinis sur un plat.
Ornez-les de tarama avec une poche à douille. Pelez le citron avec un couteau économe et râpez le zeste. Parsemez chaque blini d'une pincée de zeste de citron.

■ **Notre conseil :** vous pouvez remplacer le tarama par du saumon fumé, ou encore de la truite ou de l'anguille fumée.

BLINIS AUX ŒUFS DE LUMP ET À LA CRÈME

4 personnes **12 PIÈCES**

Pâte :
• 175 g de farine • 10 g de levure • 25 cl de lait • 2 œufs • 20 g de beurre • sel

Garniture :
• 25 cl de crème fraîche épaisse • 1 pot d'œufs de lump rouges ou noirs • 1 citron

Réalisation

Faites tiédir un verre de lait. Mettez 30 g de farine dans un saladier, ajoutez la levure et versez le lait en remuant constamment jusqu'à obtention d'une pâte molle. Couvrez et laissez reposer pendant 1 heure. La pâte doit doubler de volume. Passez les œufs en séparant les blancs des jaunes.

Versez le reste de farine dans une terrine, faites un puits, ajoutez une pincée de sel et les jaunes d'œufs, mélangez, puis ajoutez le levain sans cesser de remuer. Délayez ensuite avec le reste de lait en le versant lentement.

Couvrez et laissez reposer à nouveau pendant 30 minutes dans un endroit tempéré. Cassez les blancs d'œufs en neige ferme avec une pincée de sel et incorporez-les délicatement à la pâte. Faites fondre la valeur d'un petit pois de beurre dans une poêle à blinis. Versez une petite louche de pâte dans la poêle et laissez cuire à feu doux jusqu'à ce que les bords soient dorés. Retournez le blini et laissez cuire sur l'autre face. Faites-le glisser sur une assiette chaude. Préparez les autres blinis de la même façon. Mettez les blinis tièdes sur un plat.
Disposez sur chacun d'eux une petite cuillerée à café de crème fraîche, et au milieu quelques œufs de lump rouges ou noirs. Entourez les blinis de quartiers de citron.

■ **Notre conseil :** pour une jolie présentation, vous pouvez aussi mélanger les œufs de poisson.

CHÈVRES CHAUDS SUR LIT DE SARRASIN

4 personnes **4 GALETTES**

Pâte :
• 200 g de farine de sarrasin • 15 cl de lait • 1 œuf • 50 g de beurre fondu • sel
Garniture :
• 4 petits chèvres du type Picodon • 4 tranches fines de jambon de pays • 1 cuil. à soupe d'huile d'olive • 1 branche de thym

Réalisation

Mettez la farine dans un saladier avec une pincée de sel. Creusez un puits et versez l'œuf battu. Mélangez rapidement au fouet, puis ajoutez petit à petit le lait et enfin le beurre fondu sans cesser de remuer. Couvrez, laissez reposer au réfrigérateur pendant 2 heures.

Ajoutez un peu d'eau à la pâte et remuez bien avant la cuisson. Mettez dans la poêle une noisette de beurre ; dès qu'il grésille, versez la pâte avec une louche en couche très fine en tournant la poêle afin que le fond soit recouvert. Faites cuire à feu modéré pendant environ 1 minute et retournez la galette avec une spatule. Laissez-la cuire 1 minute de l'autre côté et faites-la glisser sur une assiette. Faites cuire les trois autres galettes de la même façon. Préchauffez le four à 210 °C (th. 7). Pliez les galettes en quatre et mettez-les dans un plat à four. Posez sur chacune une tranche de jambon de pays, un petit fromage, badigeonnez-les d'huile d'olive et saupoudrez-les de thym. Mettez au four pendant 10 minutes afin que le fromage fonde. Servez très chaud.

■ **Notre conseil :** accompagnez d'une salade de tomates au basilic.

CORNETS AUX CHAMPIGNONS

4 personnes **8 CRÊPES**

Pâte :
• 125 g de farine • 2 œufs • 25 cl de lait demi-écrémé • 1 cuil. à café d'huile • 20 g de beurre • sel

Garniture :
• 250 g de champignons de Paris • 25 cl de crème fraîche épaisse • 1 jaune d'œuf • 20 g de beurre • 1 cuil. à café de fécule • sel, poivre, muscade

Réalisation

Mettez la farine dans un saladier, creusez un puits au centre, ajoutez une pincée de sel puis les œufs entiers. Mélangez jusqu'à obtention d'une pâte homogène, puis versez le lait petit à petit sans cesser de tourner. Ajoutez l'huile, mélangez à nouveau. Couvrez le saladier avec un torchon, puis laissez reposer 2 heures.

Lavez et essuyez les champignons, coupez-les en lamelles fines et faites-les revenir à la poêle dans le beurre. Salez, poivrez et saupoudrez de muscade. Mélangez dans un bol la fécule avec le jaune d'œuf et la crème. Versez sur les champignons et laissez cuire à feu très doux sans cesser de remuer pendant 5 minutes. Réservez au chaud. Allongez la pâte avec un petit verre d'eau si elle est trop épaisse. Faites fondre la valeur d'un petit pois de beurre dans une poêle. Dès qu'il grésille, versez une louche de pâte dans la poêle en tournant cette dernière afin de bien répartir la pâte. Laissez cuire à feu moyen pendant 1 à 2 minutes. Soulevez le bord de la crêpe avec une spatule pour vérifier le degré de cuisson, puis retournez-la dès qu'elle est dorée. Faites-la cuire sur l'autre face, puis faites-la glisser sur une assiette. Préparez les autres crêpes de la même façon. Réservez au chaud sur une assiette au bain-marie. Répartissez les champignons sur les crêpes pliées en demi-lune et refermez-les en forme de cornets.

✪ **Une variante** : vous pouvez ajouter un peu de fromage râpé aux champignons au moment de verser la crème.

CRÊPES AU POULET ET À LA FONDUE DE POIREAUX

4 personnes **8 CRÊPES**

Pâte :
• 170 g de farine • 3 œufs • 30 cl de lait demi-écrémé • 1/2 cuil. à soupe d'huile • 20 g de beurre • sel
Garniture :
• 400 g de blanc de poulet cuit • 4 poireaux • 20 g de beurre • 15 cl de crème fraîche • sel, poivre du moulin

Réalisation

Mettez la farine dans un saladier, creusez un puits au centre, ajoutez une pincée de sel puis les œufs entiers. Mélangez pour obtenir une pâte homogène, puis versez le lait petit à petit sans cesser de tourner. Ajoutez l'huile, mélangez à nouveau. Couvrez le saladier puis laissez reposer 2 heures.

Pendant ce temps, épluchez et lavez les poireaux. Coupez-les en bâtonnets. Faites revenir cette julienne dans le beurre à feu très doux jusqu'à ce qu'elle soit tendre. Salez, poivrez, ajoutez la crème et faites réduire à feu doux pendant 5 minutes. Coupez le blanc de poulet en petites lanières et ajoutez-les aux poireaux. Vérifiez l'assaisonnement et réservez au chaud. Allongez la pâte avec un petit verre d'eau si elle est trop épaisse. Faites fondre la valeur d'un petit pois de beurre dans une crêpière. Dès qu'il grésille, versez une louche de pâte en tournant la poêle afin de bien recouvrir le fond. Laissez cuire à feu moyen pendant 1 à 2 minutes. Soulevez le bord de la crêpe avec une spatule pour vérifier le degré de cuisson, puis retournez-la. Laissez-la cuire sur l'autre face, puis faites-la glisser sur une assiette chaude. Préparez toutes les crêpes de cette façon. Pliez-les en deux.

Répartissez la sauce au poireau et au poulet au centre de chaque crêpe pliée et refermez-la en chausson. Disposez sur le plat de service ou sur une assiette individuelle et servez très chaud.

■ **Notre conseil :** vous pouvez utiliser pour cette recette un reste de poulet froid.

CRESPELLES AUX ÉPINARDS ET À LA FETA

4 personnes **4 GALETTES**

Pâte :
• 150 g de farine de sarrasin • 50 g de farine de froment • 15 cl de lait • 1 œuf • 50 g de beurre fondu • sel
Garniture :
• 200 g d'épinards • 250 g de feta • 20 g d'amandes • 1/2 citron non traité • 50 g de beurre • sel, poivre

Réalisation

Mettez les farines dans un saladier avec une pincée de sel. Creusez un puits et versez l'œuf battu. Mélangez rapidement au fouet, puis ajoutez petit à petit le lait et enfin le beurre fondu sans cesser de remuer. Couvrez, laissez reposer au réfrigérateur pendant 2 heures. Pendant ce temps, prélevez le zeste du citron avec un couteau économe. Hachez grossièrement les amandes et le zeste de citron. Réservez. Équeutez, lavez et épongez les épinards. Faites-les cuire dans le beurre à feu très doux pendant 5 minutes, ajoutez la feta

écrasée à la fourchette, le hachis d'amandes et de citron, salez, poivrez et mélangez bien. Laissez sur feu doux jusqu'à ce que le fromage soit fondu. Réservez au chaud.
Ajoutez un peu d'eau à la pâte et remuez bien. Mettez dans la poêle une noisette de beurre ; dès qu'il grésille, versez la pâte avec une louche en couche très fine en tournant la poêle afin que le fond soit recouvert. Faites cuire à feu modéré pendant environ 1 minute et retournez la galette avec une spatule. Laissez-la cuire 1 minute de l'autre côté et faites-la glisser sur une assiette de service chaude en la pliant en deux. Préparez de la même façon les autres galettes.
Répartissez la garniture sur chaque demi-lune et repliez les bords en col de chemise. Servez bien chaud.

❂ **Une variante :** vous pouvez remplacer la feta par de la mozzarella.

CRÉPIAU DE POMMES DE TERRE

4 personnes **4 GALETTES**

- 150 g de farine de sarrasin • 50 g de farine de froment
- 1 œuf • 50 g de beurre fondu • 200 g de pommes de terre
- 2 oignons • sel

Réalisation

Mettez les farines dans un saladier avec une bonne pincée de sel. Creusez un puits et versez l'œuf battu. Mélangez rapidement au fouet, puis ajoutez petit à petit 15 cl d'eau et enfin le beurre fondu sans cesser de remuer. Couvrez et laissez reposer au réfrigérateur pendant 2 heures. Pelez les pommes de terre et râpez-les. Épluchez les oignons, émincez-les finement. Ajoutez-les à la pâte. Graissez une grande poêle avec un filet d'huile et versez la pâte. Laissez cuire à feu modéré et retournez le crépiau dès que la première face est dorée. Faites cuire pendant 5 minutes.

■ **Notre conseil** servez cette galette avec des saucisses grillées et une salade verte.

TORTILLAS

4 personnes **8 PIÈCES**

- 300 g de farine de maïs • 2 cuil. à soupe d'huile d'olive
- 1 cuil. à café de sel

Réalisation

Versez la farine dans un saladier, creusez un puits, ajoutez le sel et 15 cl d'eau tiède. Pétrissez la pâte pendant 15 minutes, puis laissez-la reposer 1 heure dans un endroit tiède.

Farinez un plan de travail et étalez la pâte au rouleau. Découpez à l'emporte-pièce des crêpes de 10 cm de diamètre environ. Badigeonnez-les d'huile d'olive et faites-les cuire dans une poêle à blinis antiadhésive sans matière grasse pendant 1 minute de chaque côté.

■ **Notre conseil** : servez ces crêpes mexicaines en accompagnement d'un chili con carne ou d'un guacamole.

CROUSTILLANTS DE POMMES DE TERRE AU JAMBON

4 personnes **4 GALETTES**

• 150 g de farine de sarrasin • 10 cl de lait • 1 œuf • 50 g de beurre fondu + 50 g pour la cuisson • 250 g de pommes de terre • 250 g d'allumettes de jambon blanc • sel, poivre

Réalisation

Mettez la farine dans un saladier avec une pincée de sel. Creusez un puits et versez l'œuf battu. Mélangez au fouet, puis ajoutez petit à petit le lait et enfin le beurre fondu sans cesser de remuer. Couvrez, laissez reposer au réfrigérateur pendant 2 heures.

Épluchez les pommes de terre et râpez-les, salez, poivrez. Incorporez les pommes de terre râpées et les allumettes de jambon à la pâte.

Mettez dans la poêle une noisette de beurre ; dès qu'il grésille, versez la pâte avec une louche en couche fine en tournant la poêle afin que le fond soit recouvert. Faites cuire à feu modéré jusqu'à ce que la première face de la galette soit dorée et retournez-la avec une spatule. Laissez-la cuire 1 minute de l'autre côté et faites-la glisser sur un plat chaud. Préparez les autres galettes de la même manière. Servez avec de la moutarde et une frisée à l'ail.

❂ **Deux variantes :** remplacez le jambon blanc par du jambon de pays ou des allumettes de lard fumé.

FAJITAS

4 personnes **8 PIÈCES**

Pâte :
- 300 g de farine de maïs • 2 cuil. à soupe d'huile d'olive
- 1 cuil. à café de sel

Garniture :
- 400 g de rumsteck • 1 gros oignon • 3 tomates • 15 cl de crème fraîche • 1 pointe de couteau de piment • 1/2 cuil. à café de cumin en poudre • 1/2 cuil. à café de paprika
- 1/2 cuil. à café d'origan • 2 cuil. à soupe d'huile • sel, poivre

Réalisation

Versez la farine dans un saladier, creusez un puits, ajoutez le sel et 15 cl d'eau tiède. Pétrissez la pâte pendant 15 minutes, puis laissez-la reposer 1 heure dans un endroit tiède.
Découpez la viande en fines lamelles, mettez-la dans un saladier et saupoudrez-la d'épices. Mélangez bien. Épluchez l'oignon et l'ail, émincez-les. Pelez les tomates, épépinez-les et coupez la chair en petits dés. Farinez un plan de travail et étalez la pâte au rouleau.

Découpez à l'emporte-pièce des crêpes de 10 cm de diamètre environ. Badigeonnez-les d'huile d'olive et faites-les cuire dans une poêle à blinis antiadhésive sans matière grasse pendant 1 minute de chaque côté.
Faites cuire la viande dans l'huile à feu vif pendant 5 minutes. Mettez sur chaque crêpe un peu d'oignon émincé, des dés de tomates et des lamelles de viande.
Ajoutez une bonne cuillerée de crème et repliez la crêpe sur elle-même.

✪ **Une variante :** vous pouvez ajouter du fromage râpé à la garniture de ces crêpes.

FICELLES PICARDES

4 personnes **4 GRANDES CRÊPES**

Pâte :
• 125 g de farine • 2 œufs • 25 cl de lait demi-écrémé • 1 cuil. à café d'huile • 20 g de beurre • sel

Garniture :
• 4 tranches de jambon blanc • 300 g de champignons de Paris • 75 g de fromage râpé • 50 cl de crème fraîche • sel, poivre

Réalisation

Mettez la farine dans un saladier, creusez un puits au centre, ajoutez une pincée de sel puis les œufs entiers. Mélangez jusqu'à obtention d'une pâte homogène, puis versez le lait peu à peu sans cesser de tourner. Ajoutez l'huile, mélangez à nouveau. Couvrez le saladier puis laissez reposer 2 heures.
Lavez les champignons, essuyez-les et émincez-les. Faites fondre une noisette de beurre dans une poêle, et faites revenir les champignons. Lorsque leur eau est évaporée, ajoutez deux cuillerées à soupe de crème et un peu de sel et de poivre. Mélangez bien.

Réservez.
Faites fondre la valeur d'un petit pois de beurre dans une crêpière. Dès qu'il grésille, versez une louche de pâte dans la poêle en tournant afin de bien répartir la pâte. Laissez cuire à feu moyen pendant 1 à 2 minutes. Soulevez le bord de la crêpe avec une spatule pour vérifier le degré de cuisson, puis retournez-la. Lorsqu'elle est cuite, faites-la glisser sur une assiette. Faites cuire trois autres crêpes de la même façon.
Préchauffez le four à 210 °C (th. 7). Disposez sur chaque crêpe une tranche de jambon, puis répartissez les champignons émincés. Enroulez les crêpes sur elles-mêmes, et disposez-les dans un plat à gratin.
Arrosez avec le reste de crème, saupoudrez généreusement de fromage râpé et faites gratiner au four jusqu'à ce qu'elles soient bien dorées. Servez très chaud.

GALETTES À LA BROUILLADE ET AU JAMBON DE PAYS

4 personnes **4 GRANDES GALETTES**

Pâte :
• 150 g de farine de sarrasin • 50 g de farine de froment • 15 cl de lait • 1 œuf • 50 g de beurre fondu • sel
Garniture :
• 8 œufs • 4 tranches fines de jambon de pays • 20 g de beurre • sel, poivre

Réalisation
Mettez les farines dans un saladier avec une pincée de sel. Creusez un puits et versez l'œuf battu. Mélangez au fouet, puis ajoutez petit à petit le lait et enfin le beurre fondu sans cesser de remuer. Couvrez, laissez reposer au réfrigérateur pendant 2 heures.
Ajoutez un peu d'eau à la pâte si nécessaire. Mettez dans une grande poêle une noisette de beurre ; dès qu'il grésille, versez la pâte avec une louche en couche très fine en tournant la poêle afin que le fond soit recouvert. Faites cuire à feu modéré pendant environ

1 minute et retournez la crêpe avec une spatule. Laissez-la cuire 1 minute de l'autre côté et faites-la glisser sur une assiette chaude. Faites cuire les trois autres crêpes de la même façon et réservez-les au chaud.
Battez les œufs en omelette, salez légèrement, poivrez. Émincez le jambon de pays, ajoutez-le aux œufs battus. Faites fondre le beurre dans une casserole. Versez les œufs et placez-la au bain-marie.
Faites cuire la brouillade sans cesser de remuer au fouet. Dès que les œufs deviennent crémeux, retirez la casserole du feu et répartissez-les sur les galettes chaudes.
Repliez les galettes en chausson afin de laisser apparaître la garniture et servez immédiatement.

❂ **Une variante :** à la place de jambon de pays, vous pouvez utiliser des œufs de saumon que vous déposerez sur la brouillade au moment de fermer les galettes.

GALETTES À LA CONCASSÉE DE TOMATE

4 personnes **4 GRANDES GALETTES**

Pâte :
• 150 g de farine de sarrasin • 50 g de farine de froment • 1 œuf • 50 g de beurre fondu • sel
Garniture :
• 4 tomates • 2 échalotes • 1 gousse d'ail • 2 cuil. à soupe d'huile d'olive • 1 cuil. à café de sucre • sel, poivre

Réalisation
Mettez les deux farines dans un saladier avec une pincée de sel. Creusez un puits et versez l'œuf battu. Mélangez rapidement au fouet, puis ajoutez petit à petit l'eau et enfin le beurre fondu sans cesser de remuer. Couvrez, laissez reposer au réfrigérateur pendant 2 heures.
Plongez les tomates dans de l'eau bouillante pendant quelques secondes pour pouvoir ôter la peau. Épépinez-les et coupez la chair en dés. Épluchez et hachez finement l'ail et les échalotes. Faites cuire ces légumes à feu

doux avec l'huile d'olive pendant environ 15 minutes. Salez, poivrez, sucrez et passez au mixeur. Ajoutez un peu d'eau à la pâte et remuez bien avant la cuisson.
Mettez dans une grande poêle une noisette de beurre ; dès qu'il grésille, versez la pâte avec une louche en couche très fine en tournant la poêle afin que le fond soit recouvert. Faites cuire à feu modéré pendant environ 1 minute et retournez la galette avec une spatule. Laissez-la cuire 1 minute de l'autre côté et faites-la glisser sur une assiette chaude. Préparez les autres galettes de la même façon. Tartinez-les de concassée de tomate et pliez-les en quatre. Servez chaud.

■ **Notre conseil** : servez ces galettes avec un poisson ou une volaille grillés.

GALETTES À LA CRÈME DE SAUMON

4 personnes **4 GALETTES**

Pâte :
• 150 g de farine de sarrasin• 50 g de farine de froment • 15 cl de bière ou de lait • 1 œuf • 50 g de beurre fondu • sel
Garniture :
• 400 g de pavé de saumon frais • 1 botte de cresson • 20 g de beurre • 25 cl de crème fraîche épaisse • 1 cuil. à soupe de baies roses • sel, poivre

Réalisation
Mettez les farines dans un saladier avec une pincée de sel. Creusez un puits et versez l'œuf battu. Mélangez rapidement au fouet, puis ajoutez petit à petit la bière ou l'eau et enfin le beurre fondu sans cesser de remuer. Couvrez et laissez reposer au réfrigérateur pendant 2 heures.
Faites pocher les pavés de saumon dans de l'eau bouillante salée pendant 10 minutes. Épluchez le cresson et faites revenir les feuilles dans le beurre, salez, poivrez et mixez. Versez la crème dans une casserole, ajoutez le cres-

son mixé et la saumon effeuillé à la fourchette. Réservez au chaud. Ajoutez un peu d'eau à la pâte si nécessaire.
Mettez dans une grande poêle une noisette de beurre ; dès qu'il grésille, versez la pâte avec une louche en couche très fine en tournant la poêle afin que le fond soit recouvert. Faites cuire à feu modéré pendant environ 1 minute et retournez la crêpe avec une spatule. Laissez-la cuire 1 minute de l'autre côté et faites-la glisser sur une assiette chaude. Préparez les autres galettes de la même façon. Repliez les galettes en deux, répartissez la garniture au centre, parsemez de baies roses et repliez les bords en col de chemise. Servez bien chaud.

GALETTES À LA MOUSSE DE SAUMON FUMÉ

4 personnes **4 GALETTES**

Pâte :
• 150 g de farine de sarrasin • 50 g de farine de froment • 15 cl de bière ou d'eau • 1 œuf • 50 g de beurre fondu • sel
Garniture :
• 200 g de saumon fumé • 2 feuilles de gélatine • 15 cl de crème fraîche • 1/2 bouquet d'aneth • quelques gouttes de jus de citron • sel, poivre

Réalisation
Mettez les deux farines dans un saladier avec une pincée de sel. Creusez un puits et versez l'œuf battu. Mélangez rapidement au fouet, puis ajoutez peu à peu la bière ou l'eau et enfin le beurre fondu sans cesser de remuer. Couvrez et laissez reposer au réfrigérateur pendant 2 heures.
Mettez les feuilles de gélatine à ramollir dans un bol avec deux cuillerées à soupe d'eau tiède. Mixez le saumon fumé avec la crème et quelques gouttes de jus de citron. Transvasez

dans un saladier, salez légèrement, poivrez généreusement et ajoutez la gélatine. Mélangez bien et réservez au frais. Ajoutez un peu d'eau à la pâte si elle est trop épaisse.
Mettez dans la poêle une noisette de beurre ; dès qu'il grésille, versez la pâte avec une louche en couche très fine en tournant la poêle afin que le fond soit recouvert. Faites cuire à feu modéré pendant environ 1 minute et retournez la crêpe avec une spatule. Laissez-la cuire 1 minute de l'autre côté et faites-la glisser sur une assiette.
Préparez les autres crêpes de la même façon. Pliez les crêpes en deux, puis répartissez la mousse de saumon au milieu de chaque demi-lune. Repliez ensuite les bords en laissant apparaître la garniture. Saupoudrez d'aneth ciselé.

GALETTES À L'ÉMINCÉ DE CANARD AUX ÉPICES

4 personnes **4 GALETTES**

Pâte :
- 150 g de farine de sarrasin • 50 g de farine de froment
- 1 œuf • 50 g de beurre fondu • sel

Garniture :
- 400 g d'aiguillettes de canard • 2 pincées de quatre-épices
- 2 pincées de gingembre moulu • 2 pincées de cannelle
- 2 cuil. à soupe de miel • 2 cuil. à soupe de vinaigre de framboise • sel, poivre

Réalisation

Mettez les farines dans un saladier avec une pincée de sel. Creusez un puits et versez l'œuf battu. Mélangez rapidement au fouet, puis ajoutez petit à petit 15 cl d'eau et enfin le beurre fondu sans cesser de remuer. Couvrez, laissez reposer au réfrigérateur pendant 2 heures.
Pendant ce temps, mettez les aiguillettes de canard dans un saladier, saupoudrez-les d'épices, salez, poivrez et mélangez

bien pour que la viande soit enrobée. Laissez en attente. Ajoutez un peu d'eau à la pâte et remuez bien avant la cuisson. Mettez dans la poêle une noisette de beurre ; dès qu'il grésille, versez la pâte avec une louche en couche très fine en tournant la poêle afin que le fond soit recouvert. Faites cuire à feu modéré pendant environ 1 minute et retournez la galette avec une spatule. Laissez-la cuire 1 minute de l'autre côté et faites-la glisser sur une assiette chaude. Préparez les autres galettes de la même façon. Réservez-les au chaud. Mettez le beurre à fondre dans une poêle, et faites-y dorer les aiguillettes à feu vif en mélangeant pendant 5 minutes. Retirez-les avec une écumoire, réservez-les dans un plat chaud. Versez le vinaigre dans la poêle pour la déglacer, donnez un bouillon et ajoutez le miel. Mélangez bien. Dès qu'il est fondu, versez la sauce sur les aiguillettes. Répartissez-les sur les crêpes, repliez-les en chausson et servez immédiatement.

GALETTES AU BOUDIN ET AUX POMMES

4 personnes **4 GALETTES**

Pâte :
• 150 g de farine de sarrasin • 50 g de farine de froment • 15 cl de bière ou d'eau • 1 œuf • 50 g de beurre fondu • sel
Garniture :
• 4 parts de boudin noir • 4 pommes • 20 g de beurre • 10 g de sucre

Réalisation
Mettez les farines dans un saladier avec une pincée de sel. Creusez un puits et versez l'œuf battu. Mélangez rapidement au fouet, puis ajoutez progressivement la bière ou l'eau et enfin le beurre fondu sans cesser de remuer. Couvrez et laissez reposer au réfrigérateur pendant 2 heures.
Faites griller le boudin à feu doux dans une poêle antiadhésive après l'avoir piqué avec une fourchette pour que la peau n'éclate pas. Épluchez les pommes, coupez-les en quartiers et faites-les compoter dans une casse-

role avec le beurre, le sucre et deux cuillerées à soupe d'eau. Écrasez-les à la fourchette ou mixez-les. Ajoutez un peu d'eau à la pâte si elle a épaissi.
Mettez dans la poêle une noisette de beurre ; dès qu'il grésille, versez la pâte avec une louche en couche très fine en tournant la poêle afin que le fond soit recouvert. Faites cuire à feu modéré pendant environ 1 minute et retournez la crêpe avec une spatule. Laissez-la cuire 1 minute de l'autre côté et faites-la glisser sur une assiette chaude. Préparez les autres galettes de la même façon.
Ôtez la peau du boudin. Déposez au centre de chaque galette, côte à côte, un peu de compote et un peu de boudin. Repliez en chausson et servez bien chaud.

GALETTES AU JAMBON ET AU FROMAGE

4 personnes **8 GALETTES**

Pâte :
• 300 g de farine de sarrasin • 100 g de farine de froment • 2 œufs • 50 g de beurre fondu + 20 g pour la cuisson • sel
Garniture :
• 6 tranches de jambon blanc • 100 g de gruyère râpé • 10 g de beurre

Réalisation
Mettez les deux farines dans un saladier avec une pincée de sel. Creusez un puits et versez les œufs battus. Mélangez rapidement au fouet, puis ajoutez petit à petit l'eau et enfin 80 g de beurre fondu sans cesser de remuer. Couvrez et laissez reposer au réfrigérateur pendant 2 heures. Ajoutez un peu d'eau à la pâte si nécessaire.
Mettez dans la poêle une noisette de beurre ; dès qu'il grésille, versez la pâte avec une louche en couche très fine en tournant la poêle afin que le fond soit recouvert. Faites cuire à feu

modéré pendant environ 1 minute et retournez la crêpe avec une spatule. Laissez-la cuire 1 minute de l'autre côté et faites-la glisser sur une assiette chaude. Préparez les autres crêpes de la même façon.
Émincez le jambon en fines lanières et mélangez-les au fromage râpé. Réchauffez les galettes à la poêle antiadhésive, mettez au centre le mélange fromage-jambon et pliez-les en deux. Maintenez-les au chaud afin que le fromage fonde et servez immédiatement.

■ **Notre conseil** : accompagnez ces galettes d'une romaine ou d'une scarole assaisonnée à l'huile de noix et au vinaigre de framboise.

GALETTES AU ROQUEFORT ET AUX NOIX

4 personnes **4 GALETTES**

Pâte :
• 150 g de farine de sarrasin • 50 g de farine de froment • 1 œuf • 50 g de beurre fondu • sel

Garniture :
• 120 g de roquefort • 25 cl de crème fraîche • 8 cerneaux de noix • poivre du moulin

Réalisation

Mettez les farines dans un saladier avec une pincée de sel. Creusez un puits et versez l'œuf battu. Mélangez au fouet, puis ajoutez 15 cl d'eau progressivement et enfin le beurre fondu sans cesser de remuer. Couvrez, laissez reposer au réfrigérateur pendant 2 heures. Ajoutez un peu d'eau à la pâte et remuez bien.

Mettez dans la poêle une noisette de beurre ; dès qu'il grésille, versez la pâte avec une louche en couche très fine en tournant la poêle afin que le fond soit recouvert. Faites cuire à feu

modéré pendant environ 1 minute et retournez la crêpe avec une spatule. Laissez-la cuire 1 minute de l'autre côté et faites-la glisser sur une assiette chaude.
Écrasez le roquefort à la fourchette dans une petite casserole, ajoutez la crème et un peu de poivre. Faites fondre à feu doux en remuant. Vérifiez l'assaisonnement.
Pliez chaque galette en deux ; versez un peu de crème au roquefort au centre de la demi-lune, parsemez de cerneaux de noix grossièrement concassés.
Repliez chaque bord vers le centre sans refermer complètement la galette afin de laisser la garniture apparente. Servez très chaud.

✪ **Une variante :** si vous aimez le mélange sucré-salé, ajoutez quelques dés de poire avec les noix quand vous garnissez les galettes.

GALETTES AUX CHAMPIGNONS ET AUX LARDONS

4 personnes **4 GALETTES**

Pâte :
• 150 g de farine de sarrasin • 50 g de farine de froment • 15 cl de bière ou d'eau • 1 œuf • 50 g de beurre fondu • sel
Garniture :
• 300 g de champignons de Paris • 250 g d'allumettes de lard fumé • 30 g de beurre • 75 g de fromage râpé • sel, poivre

Réalisation
Mettez les farines dans un saladier avec une pincée de sel. Creusez un puits et versez l'œuf battu. Mélangez rapidement au fouet, puis ajoutez petit à petit la bière ou l'eau et enfin le beurre fondu sans cesser de remuer. Couvrez et laissez reposer au réfrigérateur pendant 2 heures.
Lavez et essuyez les champignons, émincez-les et faites-les revenir dans une casserole avec 20 g de beurre, salez peu, poivrez. Par ailleurs, faites dorer les lardons dans une poêle antiadhésive sans matière grasse. Retirez-

les avec une écumoire et ajoutez-les aux champignons. Réservez au chaud.
Préchauffez le four à 210 °C (th. 7). Ajoutez un peu d'eau à la pâte. Mettez dans la poêle une noisette de beurre ; dès qu'il grésille, versez la pâte avec une louche en couche très fine en tournant la poêle afin que le fond soit recouvert. Faites cuire à feu modéré pendant environ 1 minute et retournez la crêpe avec une spatule. Laissez-la cuire 1 minute de l'autre côté et faites-la glisser sur une assiette chaude. Préparez les autres crêpes de la même façon.
Répartissez la garniture sur les crêpes, roulez-les sur elles-mêmes et mettez-les dans un plat à gratin. Saupoudrez de fromage râpé et laissez gratiner au four pendant environ 10 minutes. Servez très chaud.

■ **Notre conseil :** accompagnez ces galettes d'une frisée à l'ail.

GALETTES AUX CHIPOLATAS

4 personnes **8 GALETTES**

Pâte :
- 300 g de farine de sarrasin • 100 g de farine de froment
- 2 œufs • 80 g de beurre fondu + 20 g pour la cuisson • sel

Garniture :
- 8 chipolatas • 100 g de fromage râpé

Réalisation

Mettez les farines dans un saladier avec une pincée de sel. Creusez un puits et versez les œufs battus en omelette. Mélangez rapidement au fouet, puis ajoutez petit à petit l'eau et enfin le beurre fondu sans cesser de remuer. Couvrez et laissez reposer au réfrigérateur pendant 2 heures. Ajoutez un peu d'eau à la pâte et remuez bien. Mettez dans la poêle une noisette de beurre ; dès qu'il grésille, versez la pâte avec une louche en couche très fine en tournant la poêle afin que le fond soit recouvert. Faites cuire à feu modéré pendant environ 1 minute et retournez la galette avec une spatule. Laissez-la cuire 1 minute de l'autre côté et faites-la glisser sur une assiette chaude. Pendant la cuisson des galettes, faites dorer les chipolatas sans matière grasse dans une poêle à revêtement antiadhésif. Mettez une saucisse au centre de chaque galette, saupoudrez de fromage râpé et roulez la galette sur elle-même. Servez avec une salade verte.

GALETTES AUX FRUITS DE MER

◆◆◆ 4 personnes **4 GALETTES**

Pâte :
- 150 g de farine de sarrasin • 50 g de farine de froment • 15 cl de bière ou d'eau • 1 œuf • 50 g de beurre fondu • sel

Garniture :
- 1 litre de moules • 16 noix de pétoncle • 75 g de crevettes cuites • 1 verre de vin blanc • 25 cl de crème fraîche • 20 g de beurre • 4 cl de cognac • sel, poivre

Réalisation

Mettez les farines dans un saladier avec une pincée de sel. Creusez un puits et versez l'œuf

battu. Mélangez rapidement au fouet, puis ajoutez petit à petit la bière ou l'eau et enfin le beurre fondu sans cesser de remuer. Couvrez et laissez reposer au réfrigérateur pendant 2 heures.
Préparez les fruits de mer. Grattez et lavez les moules et faites-les ouvrir dans une casserole avec une noisette de beurre, du sel, du poivre et le vin blanc. Dès qu'elles sont ouvertes, ôtez les coquilles. Réservez les moules et filtrez le jus.
Faites pocher les noix de pétoncle dans ce jus pendant 3 minutes, ajoutez les crevettes et les moules, arrêtez la cuisson. Réservez.
Ajoutez un peu d'eau à la pâte si elle a épaissi. Mettez dans la poêle une noisette de beurre ; dès qu'il grésille, versez la pâte avec une louche en couche très fine en tournant la poêle afin que le fond soit recouvert. Faites cuire à feu modéré pendant environ 1 minute et retournez la galette avec une spatule. Laissez-la cuire 1 minute de l'autre côté et faites-la glisser sur une assiette chaude. Préparez les autres galettes de la même façon.

Versez la crème sur les fruits de mer, faites réduire, arrosez de cognac et flambez. Vérifiez l'assaisonnement. Pliez chaque galette en deux et mettez-la sur une assiette. Répartissez les fruits de mer sur les demi-galettes et repliez-les en chausson en laissant apparaître la garniture. Servez très chaud.

■ **Notre conseil** : si vous êtes pressé, vous pouvez utiliser un cocktail de fruits de mer surgelés que vous ferez revenir dans du beurre, avant de les arroser de vin blanc, de les flamber au cognac et de les crémer.

TOURTOU AUX LARDONS

4 personnes **4 GALETTES**

- 150 g de farine de sarrasin • 50 g de farine de froment
- 1 sachet de levure • 1 œuf • 50 g de beurre fondu
- 200 g d'allumettes de lardons fumés • sel

Réalisation

Mettez 30 g de farine de sarrasin dans un bol avec la levure et trois cuillerées à soupe d'eau tiède. Mettez les deux farines dans un saladier avec une petite pincée de sel. Creusez un puits et versez l'œuf battu. Mélangez au fouet, puis ajoutez l'eau et enfin le beurre fondu sans cesser de remuer. Couvrez et laissez reposer pendant 2 heures. Ajoutez les lardons à la pâte et un peu d'eau si elle vous semble trop épaisse. Graissez la poêle avec un filet d'huile et versez la pâte. Faites cuire à feu modéré et retournez la galette dès que la première face est dorée.

■ **Notre conseil :** servez avec une scarole assaisonnée à l'huile de noix.

GALETTES AUX SAINT-JACQUES À L'ÉTUVÉE DE FENOUIL

◆◆◆ 4 personnes **4 GALETTES**

Pâte :
• 150 g de farine de sarrasin • 50 g de farine de froment • 15 cl de bière ou d'eau • 1 œuf • 50 g de beurre fondu • sel

Garniture :
• 8 coquilles Saint-Jacques • 2 bulbes de fenouil • 1 cuil. à café de curry • 40 g de beurre • 25 cl de crème fraîche • sel, poivre

Réalisation

Mettez les deux farines dans un saladier avec une pincée de sel. Creusez un puits et versez l'œuf battu. Mélangez rapidement au fouet, puis ajoutez petit à petit la bière ou l'eau et enfin le beurre fondu sans cesser de remuer. Couvrez et laissez reposer au réfrigérateur pendant 2 heures.

Lavez les bulbes de fenouil et émincez-les finement. Faites-les revenir à feu doux dans 20 g de beurre pendant environ 30 minutes ; ils doivent être tendres et dorés. Lavez et essuyez les coquilles, coupez-les en lamelles

et escalopez-les dans le reste de beurre. Faites chauffer la crème dans une casserole, salez, poivrez, ajoutez le curry et faites réduire d'un quart. Versez les coquilles et le fenouil dans la sauce et réservez au chaud. Ajoutez un peu d'eau à la pâte si nécessaire.
Mettez dans la poêle une noisette de beurre ; dès qu'il grésille, versez la pâte avec une louche en couche très fine en tournant la poêle afin que le fond soit recouvert. Faites cuire à feu modéré pendant environ 1 minute et retournez la crêpe avec une spatule. Laissez-la cuire 1 minute de l'autre côté et faites-la glisser sur une assiette chaude. Préparez les autres crêpes de la même façon. Répartissez la garniture au centre des galettes pliées en demi-lune et repliez-les en cornet. Servez très chaud.

Une variante : si vous n'aimez pas le goût un peu anisé du fenouil, remplacez-le dans cette recette par des blancs de poireau.

GALETTES AUX TROIS FROMAGES

4 personnes **4 GALETTES**

Pâte :
• 150 g de farine de sarrasin • 50 g de farine de froment • 15 cl de lait • 1 œuf • 50 g de beurre fondu • sel
Garniture :
• 100 g de roquefort • 100 g de cheddar • 100 g de comté • 50 g de cerneaux de noix • 2 cuil. à soupe de farine • 12 cl de lait • 50 g de beurre • sel, poivre

Réalisation

Mettez les deux farines dans un saladier avec une pincée de sel. Creusez un puits et versez l'œuf battu. Mélangez rapidement au fouet, puis ajoutez petit à petit le lait et enfin le beurre fondu sans cesser de remuer. Couvrez et laissez reposer au réfrigérateur pendant 2 heures.

Préparez une béchamel : faites fondre le beurre, saupoudrez de farine et mouillez avec le lait chaud, salez peu, poivrez généreusement. Laissez tiédir.

Mettez les trois fromages dans le bol du

mixeur, ajoutez la béchamel et mixez. Réservez. Ajoutez un peu d'eau à la pâte si elle est trop épaisse. Mettez dans la poêle une noisette de beurre ; dès qu'il grésille, versez la pâte avec une louche en couche très fine en tournant la poêle afin que le fond soit recouvert. Faites cuire à feu modéré pendant environ 1 minute et retournez la galette avec une spatule. Laissez-la cuire 1 minute de l'autre côté et faites-la glisser sur une assiette. Préparez les autres galettes de la même façon.

Répartissez la fondue de fromage dans chaque galette, parsemez de cerneaux de noix grossièrement hachés. Refermez les galettes en chausson en laissant la fondue apparente. Mettez ces galettes dans un plat à four et faites gratiner 5 minutes. Servez très chaud.

■ **Notre conseil :** cette galette peut remplacer le plateau de fromage dans un repas rustique. Servez avec une romaine assaisonnée à l'huile de noix.

GALETTES COMPLÈTES

4 personnes **4 GALETTES**

Pâte :
- 150 g de farine de sarrasin • 50 g de farine de froment
- 15 cl de lait • 1 œuf • 50 g de beurre fondu • sel

Garniture :
- 4 tranches de jambon blanc • 4 œufs • 100 g de fromage râpé

Réalisation

Mettez les deux farines dans un saladier avec une pincée de sel. Creusez un puits et versez l'œuf battu. Mélangez rapidement au fouet, puis ajoutez petit à petit le lait et enfin le beurre fondu sans cesser de remuer. Couvrez et laissez reposer au réfrigérateur pendant 2 heures. Ajoutez un peu d'eau à la pâte si nécessaire.
Mettez dans la crêpière une noisette de beurre ; dès qu'il grésille, versez une petite louche de pâte en couche très fine en tournant la poêle afin que le fond soit recouvert.
Faites cuire à feu modéré pendant environ 1 minute et retournez la galette avec une spa-

tule. Laissez-la cuire 1 minute de l'autre côté, puis posez dessus une tranche de jambon blanc, saupoudrez de fromage râpé et cassez un œuf. Laissez cuire à feu doux jusqu'à ce que le blanc soit pris.
Repliez la crêpe en chausson et disposez-la sur une assiette. Préparez les autres crêpes de la même façon.

■ **Notre conseil :** utilisez plusieurs poêles afin que tous les convives soient servis en même temps. Accompagnez cette galette nourrissante d'une salade verte ou de crudités.

GALETTES DE POIS CHICHES

4 personnes **4 GALETTES**

• 1 grande boîte de pois chiches • 2 œufs • 2 gousses d'ail • 1 bouquet de coriandre • 1 cuil. à café de cumin • 1 cuil. à café de gingembre • 2 cuil. à soupe d'huile d'olive • sel, poivre

Réalisation

Épluchez les gousses d'ail. Rincez et égouttez les pois chiches, mixez-les avec les épices, les feuilles de coriandre et l'ail haché, un peu de sel et de poivre.

Mettez la pâte obtenue sur un plan de travail, aplatissez-la au rouleau et détaillez des galettes d'environ 10 cm de diamètre avec un emporte-pièce.

Graissez une poêle à blinis avec un peu d'huile d'olive, et faites frire les galettes.

■ **Notre conseil :** servez avec des saucisses ou des merguez grillées et une salade verte bien croquante.

GALETTES FORESTIÈRES

4 personnes **4 GALETTES**

Pâte :
• 150 g de farine de sarrasin • 50 g de farine de froment • 15 cl de lait • 1 œuf • 50 g de beurre fondu • sel
Garniture :
• 200 g de champignons : cèpes, girolles, mousserons, morilles, pleurotes... • 15 cl de crème fraîche épaisse • 4 cl de porto rouge • 20 g de beurre • 4 branches de persil plat ciselé • sel, poivre

Réalisation

Mettez les deux farines dans un saladier avec une pincée de sel. Creusez un puits et versez l'œuf battu. Mélangez rapidement au fouet, puis ajoutez petit à petit le lait et enfin le beurre fondu sans cesser de remuer. Couvrez et laissez reposer au réfrigérateur pendant 2 heures.

Lavez très rapidement sous un filet d'eau froide les champignons, épongez-les soigneusement avec un papier absorbant et émincez-les. Faites-les revenir à feu doux dans le

beurre, salez, poivrez, ajoutez le porto puis la crème et laissez réduire. Lorsque la sauce est sirupeuse, arrêtez la cuisson et réservez au chaud. Ajoutez un peu d'eau à la pâte si nécessaire.
Mettez dans la poêle une noisette de beurre ; dès qu'il grésille, versez la pâte avec une louche en couche très fine en tournant la poêle afin que le fond soit recouvert. Faites cuire à feu modéré pendant environ 1 minute et retournez la galette avec une spatule. Laissez-la cuire 1 minute de l'autre côté et faites-la glisser sur une assiette chaude. Faites cuire les autres galettes de la même façon.
Pliez les galettes en quatre, posez-les sur chaque assiette et répartissez dessus les champignons. Saupoudrez de persil ciselé. Servez très chaud.

■ **Notre conseil** : servez ces galettes en entrée d'un repas raffiné. Vous pouvez utiliser des champignons surgelés ou lyophilisés ; réhydratez-les pendant 30 minutes dans de l'eau chaude avant de les cuisiner.

GALETTES DE POLENTA

4 personnes **4 GALETTES**

• 200 g de semoule de maïs précuite • 4 cuil. à soupe d'huile d'olive • sel, poivre

Réalisation

Faites bouillir 1 litre d'eau salée et poivrée. Versez la semoule en pluie et faites-la cuire environ 2 minutes sans cesser de remuer. Laissez refroidir, puis étalez la polenta au rouleau sur un plan de travail.

Découpez des galettes de 10 cm de diamètre. Faites-les cuire dans une poêle à blinis graissée avec un peu d'huile d'olive. Servez bien chaud.

■ **Notre conseil** : servez ces galettes avec une volaille, un lapin. Vous pouvez aussi les accompagner de sauce tomate parfumée au basilic.

MATAFAN À LA CIBOULETTE

4 personnes **8 GRANDES CRÊPES**

• 250 g de farine de sarrasin • 100 g de farine de froment • 30 cl de lait • 2 œufs • 100 g de beurre fondu • sel

Réalisation

Mettez la farine dans un saladier et ajoutez une bonne pincée de sel. Battez les œufs en omelette, versez-les sur la farine petit à petit et mélangez énergiquement. Arrosez de lait sans cesser de battre la pâte.
Ciselez la ciboulette et ajoutez-la. Faites fondre le beurre dans une grande poêle et versez la pâte. Laissez cuire à feu modéré jusqu'à ce qu'elle soit prise et retournez le matafan pour le faire dorer de l'autre côté. Faites-le glisser sur le plat de service.

■ **Notre conseil :** servez cette crêpe originaire de Bourgogne, variante du « matefaim » auvergnat, après un potage, par exemple, et accompagnez-la d'une salade.

GALETTES GRATINÉES AU JAMBON

4 personnes **8 GALETTES**

Pâte :
• 300 g de farine de sarrasin • 100 g de farine de froment • 30 cl d'eau • 2 œufs • 80 g de beurre fondu + 20 g pour la cuisson • sel
Garniture :
• 6 tranches de jambon blanc • 100 g de gruyère râpé • 3 cuil. à soupe de farine • 30 cl de lait demi-écrémé • 50 g de beurre • sel, poivre

Réalisation

Mettez les deux farines dans un saladier avec une pincée de sel. Creusez un puits et versez les œufs battus. Mélangez rapidement au fouet, puis ajoutez petit à petit l'eau et enfin 80 g de beurre fondu sans cesser de remuer. Couvrez et laissez reposer au réfrigérateur pendant 2 heures. Ajoutez un peu d'eau à la pâte et remuez bien avant la cuisson.
Mettez dans la poêle une noisette de beurre ; dès qu'il grésille, versez la pâte avec une louche en couche très fine en tournant la poêle afin

que le fond soit recouvert. Faites cuire à feu modéré pendant environ 1 minute et retournez la galette avec une spatule. Laissez-la cuire 1 minute de l'autre côté et faites-la glisser sur une assiette chaude. Préparez les autres galettes de la même façon.
Préchauffez le four à 210 °C (th. 7). Préparez une béchamel épaisse : faites fondre le beurre dans une casserole, ajoutez la farine et remuez énergiquement. Mouillez avec le lait sans cesser de remuer, salez, poivrez et retirez du feu.
Émincez le jambon en fines lanières et incorporez-le à la béchamel. Réservez trois cuillerées à soupe de béchamel, tartinez chaque galette avec le reste, roulez-les et mettez-les dans un plat à four.
Recouvrez avec la béchamel réservée et saupoudrez de fromage râpé. Faites gratiner au four jusqu'à ce que les galettes soient bien dorées. Accompagnez d'une salade verte.

GÂTEAU DE CRÊPES À LA DUXELLE DE CHAMPIGNONS

4 personnes **12 GRANDES CRÊPES**

Pâte :
• 250 g de farine • 4 œufs • 50 cl de lait demi-écrémé • 1 cuil. à soupe d'huile • 20 g de beurre • sel

Garniture :
• 500 g de champignons de Paris • 50 g de beurre • 1 cuil. à café de Maïzena • 30 cl de crème fraîche • 1 citron • 50 g de fromage râpé • sel, poivre

Réalisation

Mettez la farine dans un saladier, creusez un puits au centre, ajoutez une pincée de sel puis les œufs entiers. Mélangez avec une cuillère en bois jusqu'à obtention d'une pâte homogène, puis versez le lait petit à petit sans cesser de tourner. Ajoutez l'huile, mélangez à nouveau. Couvrez le saladier et laissez reposer de 1 à 2 heures. Pressez le citron. Lavez rapidement les champignons, épongez-les et coupez-les en lamelles. Arrosez-les de jus de citron. Faites chauffer le beurre dans une casserole ; dès qu'il mousse, ajoutez les champignons, salez, poivrez et faites cuire à feu doux. Quand l'eau est évaporée, ajoutez la Maïzena, mélangez bien puis versez la crème. Vérifiez l'assaisonnement, laissez réduire un peu. Allongez la pâte avec un petit verre d'eau si elle est trop épaisse. Faites fondre la valeur d'un petit pois de beurre dans une crêpière. Dès qu'il grésille, versez une louche de pâte dans la poêle en tournant la poêle afin de bien recouvrir le fond. Laissez cuire à feu moyen pendant 1 à 2 minutes. Soulevez le bord de la crêpe avec une spatule pour vérifier le degré de cuisson, puis retournez-la. Laissez-la cuire sur l'autre face, puis faites-la glisser sur une assiette chaude. Préparez les autres crêpes de la même façon. Réservez-les. Préchauffez le four à 210 °C (th. 7). Montez le gâteau : déposez une crêpe sur un plat de service allant au four, tartinez-la de duxelles, remettez une crêpe et terminez par une couche de duxelles. Saupoudrez de fromage râpé, parsemez de copeaux de beurre et faites gratiner pendant 5 minutes.

❂ **Une variante** pour un plat plus nourrissant, vous pouvez ajouter des lanières de jambon à la duxelles.

ŒUFS MIROIR EN CRÊPES DE SARRASIN

4 personnes **4 GRANDES CRÊPES**

• 250 g de farine de sarrasin • 100 g de farine de froment • 30 cl de lait • 10 œufs • 100 g de beurre fondu • sel

Réalisation

Mettez les deux farines dans un saladier et ajoutez une bonne pincée de sel. Battez 2 œufs en omelette dans un bol. Creusez un puits et versez les œufs. Mélangez rapidement au fouet, puis ajoutez petit à petit le lait et enfin le beurre fondu, sans cesser de remuer. Couvrez, laissez reposer au réfrigérateur pendant 2 heures. Si la pâte a épaissi, ajoutez-lui un peu d'eau. Mettez dans la poêle une noisette de beurre ; dès qu'il grésille, versez la pâte avec une louche en couche très fine en tournant la poêle afin que le fond soit recouvert. Faites cuire à feu modéré pendant environ 1 minute et retournez la galette avec une spatule. Laissez-la cuire 1 minute de l'autre côté et faites-la glisser sur une assiette chaude. Dans une autre poêle, faites cuire 8 œufs au plat. Mettez-les sur les galettes que vous plierez en chausson en laissant l'œuf apparent. Mettez 2 galettes sur chaque assiette.

PANCAKES AUX HERBES

4 personnes **4 GALETTES**

Pâte :
• 150 g de farine de maïs • 20 cl de lait • 1 cuil. à café de levure • 3 œufs • 50 g de beurre • sel
Garniture :
• 1/2 botte d'herbes : cerfeuil, estragon, ciboulette...

Réalisation
Mettez 30 g de farine dans un grand bol avec

la levure, et arrosez avec trois cuillerées à soupe de lait, mélangez rapidement, couvrez et laissez lever dans un endroit tiède. Versez le reste de farine dans un saladier, faites un puits, ajoutez deux pincées de sel et les œufs battus. Mélangez bien. Incorporez le levain puis le lait en enfin les herbes ciselées finement. Laissez reposer 2 heures.
Faites chauffer un soupçon de beurre dans une poêle, versez une petite louche de pâte et faites cuire pendant 1 minute environ. Retournez le pancake dès que des petits cratères se forment en surface et faites cuire de l'autre côté. Déposez sur une assiette chaude. Préparez les autres pancakes de la même manière.

■ **Notre conseil :** servez les pancakes chauds en accompagnement d'un poulet rôti.

PETITES CRÊPES AU PARMESAN

4 personnes **4 GALETTES**

• 150 g de parmesan • 1 cuil. à soupe de farine • poivre du moulin

Réalisation

Râpez le parmesan avec une râpe fine. Mélangez-le dans un saladier avec la farine. Poivrez généreusement, ne salez pas. Faites chauffer une poêle à blinis antiadhésive et versez une petite louche de pâte. Aplatissez-la avec le dos d'une cuillère et laissez cuire à feu modéré pendant 1 minute. Retournez délicatement la crêpe et faites dorer sur l'autre face pendant 1 minute également. Déposez avec précaution les galettes sur une grille et laissez-les refroidir.

■ **Notre conseil :** servez ces fines galettes à l'apéritif, ou en accompagnement d'une salade de roquette et de tomates.

PETITES GALETTES AU SÉSAME

4 personnes **4 GALETTES**

• 150 g de farine complète • 2 œufs • 20 cl de lait • 3 cuil. à soupe d'huile d'olive • 2 cuil. à soupe de graines de sésame • sel

Réalisation

Mettez la farine dans un saladier avec une pincée de sel. Faites un puits, cassez les œufs, battez-les et incorporez-les à la farine en mélangeant au fouet. Ajoutez ensuite le lait, une cuillerée à soupe d'huile d'olive et les graines de sésame en mélangeant bien. Laissez reposer 2 heures.

Graissez une poêle à blinis avec un peu d'huile d'olive, versez une petite louche de pâte et faites-la cuire à feu modéré pendant 1 minute sur chaque face. Réservez au chaud.

Faites cuire les autres crêpes, servez-les sur une assiette chaude en accompagnement d'un plat en sauce épicé : chili, curry…

ROULEAUX DE PRINTEMPS AUX CREVETTES

4 personnes **4 CRÊPES**

Pâte :
• 4 galettes de riz • 100 g de germes de soja • 50 g de riz • 1 tomate • 200 g de crevettes roses épluchées • 4 feuilles de laitue • 12 feuilles de menthe fraîche • sel
Sauce :
• 2 cuil. à soupe d'huile • 4 cuil. à café de nuoc-mâm • 1 petit piment de Cayenne

Réalisation

Détrempez deux torchons, essorez-les. Posez le premier sur un plan de travail, déposez dessus les crêpes de riz et recouvrez-les avec le second torchon. Laissez les crêpes s'humidifier pendant 15 minutes.
Pendant ce temps, faites cuire le riz dans une casserole d'eau bouillante salée pendant 10 minutes. Rincez-le, égouttez-le. Réservez. Coupez la tomate en fines lanières, débarrassez-la de ses pépins. Réservez. Faites blanchir les germes de soja pendant 1 minute,

rafraîchissez-les, égouttez-les. Réservez. Versez dans une coupelle le nuoc-mâm, l'huile, et émiettez finement le piment de Cayenne. Détaillez les feuilles de laitue en chiffonnade. Répartissez les différents ingrédients sur les crêpes, roulez-les bien serrées et disposez-les sur le plat de service. Présentez la sauce à part.

■ **Notre conseil** : préparez ces rouleaux plusieurs heures à l'avance et enroulez-les dans un film plastique puis mettez-les au réfrigérateur. Ôtez le film au moment de servir.

ROULEAUX VIETNAMIENS AU POULET ET AU PORC

4 personnes **4 GALETTES**

• 4 galettes de riz • 20 g de champignons noirs • 200 g de chair de crabe • 200 g de crevettes roses décortiquées • 3 petits oignons • 40 g de vermicelle chinois • 1 bouquet de coriandre • 2 œufs • 3 cuil. à soupe d'huile • sel, poivre

Garniture :

• Feuilles de laitue • feuilles de menthe • sauce de soja

Réalisation

Placez les crêpes de riz entre deux torchons imbibés d'eau tiède pour les réhydrater. Faites tremper le vermicelle et les champignons dans un saladier d'eau tiède. Au bout de 15 minutes, épongez-les. Coupez les champignons en petits morceaux. Hachez le porc, le poulet et les oignons, et faites-les revenir à la poêle antiadhésive. Ajoutez le vermicelle, les champignons, les œufs battus, la coriandre ciselée, un peu de sel et de poivre. Mélangez bien. Répartissez cette farce sur les crêpes de riz, enroulez-les bien serrées et faites-les frire à la poêle dans l'huile chaude à feu doux. Retournez-les plusieurs fois pour qu'elles soient bien dorées. Égouttez-les sur un papier absorbant. Déposez-les dans un plat de service sur des feuilles de laitue et des branches de menthe, avec un bol de sauce de soja.

CRÊPES SUCRÉES

•

AUMÔNIÈRES AUX CLÉMENTINES

4 personnes **8 CRÊPES**

Pâte :
• 170 g de farine • 3 œufs • 30 cl de lait demi-écrémé • 1/2 cuil. à soupe d'huile • 20 g de beurre • sel
Garniture :
• 4 pommes • 6 mandarines • 50 g de marmelade d'abricot • 1 citron • 5 gousses de vanille

Réalisation
Mettez la farine dans un saladier, creusez un puits au centre, ajoutez une pincée de sel puis les œufs entiers. Mélangez avec une cuillère en bois jusqu'à obtention d'une pâte homogène, puis versez le lait petit à petit sans cesser de tourner. Ajoutez l'huile, mélangez à nouveau. Couvrez le saladier puis laissez reposer pendant 2 heures.
Épluchez les clémentines et séparez les quartiers en ôtant soigneusement les peaux blanches. Faites fondre le beurre dans une

casserole, mettez les quartiers de clémentine, saupoudrez de sucre, ajoutez l'eau de fleur d'oranger et faites confire à feu très doux pendant 10 minutes. Au moment de faire cuire les crêpes, allongez la pâte avec un petit verre d'eau si elle est trop épaisse.

Faites fondre la valeur d'un petit pois de beurre dans une crêpière. Dès qu'il grésille, versez une louche de pâte en tournant la poêle afin de bien recouvrir le fond. Laissez cuire à feu moyen pendant 1 à 2 minutes. Soulevez le bord de la crêpe avec une spatule pour vérifier le degré de cuisson, puis retournez-la. Laissez-la cuire sur l'autre face, puis faites-la glisser sur une assiette chaude. Préparez les autres crêpes de la même façon et réservez-les au chaud.

Répartissez les clémentines au centre de chaque crêpe, refermez-les en aumônière avec un brin de raphia et disposez-les sur les assiettes. Servez chaud ou tiède.

PANCAKES AU SIROP D'ÉRABLE

4 personnes **8 PIÈCES**

• 170 g de farine • 25 g de sucre • 20 cl de lait • 1 sachet de levure • 3 œufs • 50 g de beurre • sirop d'érable • sel

Réalisation

Mettez 30 g de farine dans un grand bol avec la levure, et arrosez avec trois cuillerées à soupe de lait, mélangez rapidement. Versez le reste de farine dans un saladier, faites un puits, ajoutez deux pincées de sel, le sucre et les œufs battus. Mélangez bien. Incorporez le levain puis le reste de lait. Laissez reposer 30 minutes dans un endroit tempéré.

Faites chauffer un soupçon de beurre dans une poêle, versez une petite louche de pâte, et faites cuire pendant 1 minute environ. Retournez le pancake dès qu'il est doré et faites cuire de l'autre côté. Déposez sur une assiette et réservez au chaud. Préparez les autres pancakes de la même manière. Tartinez les pancakes de sirop d'érable et servez immédiatement.

CHAUSSONS À L'ANANAS

4 personnes **12 CRÊPES**

Pâte :
• 250 g de farine • 4 œufs • 50 cl de lait demi-écrémé • 1 cuil. à soupe d'huile • 20 g de beurre • sel
Garniture :
• 4 tranches d'ananas au sirop avec leur sirop • 150 g de marmelade d'abricot • 4 cl de rhum (facultatif)

Réalisation
Mettez la farine dans un saladier, creusez un puits au centre, ajoutez une pincée de sel puis les œufs entiers. Mélangez avec une cuillère en bois jusqu'à obtention d'une pâte homogène, puis versez le lait petit à petit sans cesser de tourner. Ajoutez l'huile, mélangez à nouveau. Couvrez le saladier avec un torchon, puis laissez reposer 2 heures.
Coupez les tranches d'ananas en petits morceaux. Mettez-les dans une casserole avec leur jus, le rhum et la marmelade. Portez à ébullition. Réservez.
Au moment de faire cuire les crêpes, allon-

gez la pâte avec un petit verre d'eau si elle est trop épaisse. Faites fondre la valeur d'un petit pois de beurre dans une poêle. Dès qu'il grésille, versez une louche de pâte en tournant la poêle afin de bien recouvrir le fond. Laissez cuire à feu moyen pendant 1 à 2 minutes. Soulevez le bord de la crêpe avec une spatule pour vérifier le degré de cuisson, puis retournez-la. Laissez-la cuire sur l'autre face, puis faites-la glisser sur une assiette chaude. Préparez les autres crêpes de la même façon.
Garnissez-les d'un peu d'ananas, repliez-les en chausson et mettez sur le plat de service tenu au chaud.

■ **Notre conseil :** pour une plus jolie présentation, vous pouvez flamber ces chaussons à table.

CHAUSSONS AUX FRUITS CONFITS

4 personnes **8 CRÊPES**

Pâte :
• 175 g de farine • 3 œufs • 30 cl de lait demi-écrémé • 1/2 cuil. à soupe d'huile • 20 g de beurre • sel
Garniture :
• 100 g de fruits confits • 1 bombe de crème Chantilly • 100 g d'amandes effilées

Réalisation
Mettez la farine dans un saladier avec une pincée de sel, creusez un puits au centre, ajoutez les œufs entiers. Mélangez pour obtenir une pâte homogène, puis versez le lait petit à petit sans cesser de tourner. Ajoutez l'huile, mélangez à nouveau. Couvrez le saladier et laissez reposer 2 heures. Allongez la pâte avec un petit verre d'eau si elle est trop épaisse.
Faites fondre la valeur d'un petit pois de beurre dans une crêpière. Dès qu'il grésille, versez une louche de pâte en tournant la poêle afin de bien recouvrir le fond. Laissez cuire

à feu moyen pendant 1 à 2 minutes. Soulevez le bord de la crêpe avec une spatule pour vérifier le degré de cuisson, puis retournez-la. Laissez-la cuire sur l'autre face, puis faites-la glisser sur une assiette chaude. Préparez les autres crêpes de la même façon.

Coupez les fruits confits en petits dés. Faites griller les amandes effilées dans une poêle antiadhésive.

Posez chaque crêpe à plat sur un plan de travail, mettez une pression de crème Chantilly au centre, parsemez de fruits confits et d'amandes, repliez la crêpe en chausson et disposez-la sur le plat de service.

■ **Notre conseil** : veillez à ce que la crème Chantilly soit bien froide, et les crêpes tièdes, et servez ce délicieux dessert immédiatement après l'avoir préparé.

CHAUSSONS AUX POIRES ET AUX PISTACHES

4 personnes **12 CRÊPES**

Pâte :
• 250 g de farine • 4 œufs • 50 cl de lait demi-écrémé • 1 cuil. à soupe d'huile • 20 g de beurre • sel

Garniture :
• 6 poires au sirop • 1 poignée de pistaches • 6 cuil. à soupe de marmelade d'abricot • 2 cuil. à soupe de kirsch

Réalisation

Mettez la farine dans un saladier, creusez un puits au centre, ajoutez une pincée de sel puis les œufs battus. Mélangez avec une cuillère en bois jusqu'à obtention d'une pâte homogène, puis versez le lait petit à petit sans cesser de tourner. Ajoutez l'huile, mélangez à nouveau. Couvrez le saladier et laissez reposer 2 heures.
Égouttez les poires au sirop et coupez-les en dés. Mettez-les dans une casserole avec la marmelade et le kirsch et réchauffez à feu doux. Laissez tiédir pendant la cuisson des crêpes.

Allongez la pâte avec un petit verre d'eau si elle est trop épaisse. Faites fondre la valeur d'un petit pois de beurre dans une poêle. Dès qu'il grésille, versez une louche de pâte en tournant la poêle afin de bien recouvrir le fond. Laissez cuire à feu moyen pendant 1 à 2 minutes. Soulevez le bord de la crêpe avec une spatule pour vérifier le degré de cuisson, puis retournez-la. Laissez-la cuire sur l'autre face, puis faites-la glisser sur une assiette chaude. Préparez toutes les crêpes de la même façon.

Répartissez les poires à la marmelade sur les crêpes, garnissez de pistaches grossièrement concassées et repliez-les en chaussons. Disposez-les sur le plat de service et servez immédiatement.

CORNETS À LA GLACE VANILLE SAUCE CHOCOLAT-CAFÉ

4 personnes **4 GRANDES CRÊPES**

Pâte :
• 125 g de farine • 2 œufs • 25 cl de lait demi-écrémé • 1 cuil. à café d'huile • 20 g de beurre • sel
Garniture :
• 4 boules de glace à la vanille • 50 g de chocolat noir • 1 cuil. à café de café lyophilisé • 75 g d'amandes effilées

Réalisation
Mettez la farine et une pincée de sel dans un saladier, creusez un puits au centre et ajoutez les œufs entiers. Mélangez pour obtenir une pâte homogène, puis versez le lait petit à petit sans cesser de tourner. Ajoutez l'huile, mélangez à nouveau. Couvrez le saladier puis laissez reposer 2 heures. Au moment de faire cuire les crêpes, allongez la pâte avec un petit verre d'eau si elle est trop épaisse.
Faites fondre la valeur d'un petit pois de beurre dans une crêpière. Dès qu'il grésille, versez une louche de pâte en tournant la poêle

afin de bien recouvrir le fond. Laissez cuire à feu moyen pendant 1 à 2 minutes. Soulevez le bord de la crêpe avec une spatule pour vérifier le degré de cuisson, puis retournez-la. Laissez-la cuire sur l'autre face, puis faites-la glisser sur une assiette chaude. Préparez les autres crêpes de la même façon et réservez.

Faites fondre le chocolat dans une casserole avec une cuillerée à soupe d'eau chaude et le café lyophilisé.

Faites griller les amandes dans une poêle antiadhésive. Étalez les crêpes sur les assiettes, disposez une boule de glace sur le bord extérieur et roulez-les en cornets.

Centrez-les sur les assiettes, arrosez-les de sauce chocolat-café et parsemez d'amandes grillées. Servez sans attendre.

CRÊPES À LA COMPOTE DE POMMES AUX ÉPICES

4 personnes **12 CRÊPES**

Pâte :
• 250 g de farine • 4 œufs • 50 cl de lait demi-écrémé • 1 cuil. à soupe d'huile • 20 g de beurre • sel

Garniture :
• 4 pommes (reinette ou golden) • 5 cerneaux de noix de pécan • 2 cuil. à soupe de pignons de pin • 2 cuil. à soupe de raisins blonds • 1/2 cuil. à café de noix de muscade râpée • 1/2 cuil. à café de cannelle en poudre • quelques gouttes d'extrait de vanille • 50 g de cassonade • 20 g de beurre

Réalisation

Mettez la farine dans un saladier avec une pincée de sel, creusez un puits au centre, ajoutez les œufs entiers. Mélangez jusqu'à obtention d'une pâte homogène, puis versez le lait petit à petit sans cesser de tourner. Ajoutez l'huile, mélangez à nouveau. Couvrez le saladier et laissez reposer de 1 à 2 heures. Épluchez les pommes et coupez-les en morceaux. Faites fondre le beurre dans une casserole, et faites dorer doucement les morceaux de pomme. Saupoudrez-les de cassonade, ajoutez l'extrait de vanille, la muscade et la cannelle et trois cuillerées à soupe d'eau. Laissez cuire à très petit feu pendant 10 minutes. Une fois tiède, passez au mixeur. Ajoutez les raisins, les pignons et les noix de pécan grossièrement hachées. Réservez. Au moment de faire cuire les crêpes, allongez la pâte avec un petit verre d'eau si elle est trop épaisse. Faites fondre la valeur d'un petit pois de beurre dans une crêpière. Dès qu'il grésille, versez une louche de pâte dans la poêle en la tournant afin de bien répartir la pâte. Laissez cuire à feu moyen pendant 1 minute. Soulevez le bord de la crêpe avec une spatule pour vérifier le degré de cuisson, puis retournez-la. Laissez-la cuire. Préparez les autres crêpes de la même façon. Pliez-les en demi-lune, répartissez la compote aux épices sur chaque crêpe et pliez-la en cornet ou en chausson. Servez tiède.

■ **Notre conseil** : vous pouvez réaliser cette recette avec des poires ou un mélange pommes-poires.

CRÊPES À LA CRÈME DE MARRON

4 personnes **8 CRÊPES**

Pâte :
- 175 g de farine • 3 œufs • 30 cl de lait demi-écrémé
- 1/2 cuil. à soupe d'huile • 20 g de beurre • sel

Garniture :
- 8 cuil. à soupe de crème de marron • 1 bombe de crème Chantilly

Réalisation

Mettez la farine dans un saladier, creusez un puits au centre, ajoutez une pincée de sel puis les œufs entiers. Mélangez avec une cuillère en bois jusqu'à obtention d'une pâte homogène, puis versez le lait petit à petit sans cesser de tourner. Ajoutez l'huile, mélangez à nouveau. Couvrez le saladier puis laissez reposer pendant 2 heures. Au moment de faire cuire les crêpes, allongez la pâte avec un petit verre d'eau si elle est trop épaisse. Faites fondre la valeur d'un petit pois de beurre dans une crêpière. Dès qu'il grésille, versez une louche de pâte en tournant la poêle

afin de bien recouvrir le fond. Laissez cuire à feu moyen pendant 1 à 2 minutes. Soulevez le bord de la crêpe avec une spatule pour vérifier le degré de cuisson, puis retournez-la. Laissez-la cuire sur l'autre face, puis faites-la glisser sur une assiette chaude. Préparez les autres crêpes de la même façon et réservez-les au chaud.
Tartinez chaque crêpe de crème de marron, repliez-les en chausson, disposez-les sur les assiettes ou sur un plat de service et décorez de crème Chantilly.

■ **Notre conseil :** la crème de marron s'accommode bien du parfum corsé du rhum ; vous pouvez en ajouter quelques gouttes dans la pâte avant de faire cuire les crêpes ou les flamber avant de les garnir.

CRÊPES À LA FRAMBOISE

4 personnes **12 CRÊPES**

Pâte :
• 250 g de farine • 4 œufs • 50 cl de lait demi-écrémé • 20 g de beurre • sel
Garniture :
• 300 g de framboises surgelées • 100 g de sucre • 4 cuil. à café de sucre glace

Réalisation
Mettez la farine dans un saladier, creusez un puits au centre, ajoutez une pincée de sel puis les œufs entiers. Mélangez avec une cuillère en bois jusqu'à obtention d'une pâte homogène, puis versez le lait petit à petit sans cesser de tourner. Couvrez le saladier avec un torchon, puis laissez reposer 2 heures. Au moment de faire cuire les crêpes, allongez la pâte avec un petit verre d'eau si elle est trop épaisse.
Faites fondre la valeur d'un petit pois de beurre dans une poêle. Dès qu'il mousse, versez une louche de pâte dans la poêle en la

tournant afin de bien répartir la pâte. Laissez cuire à feu moyen pendant 1 à 2 minutes. Soulevez le bord de la crêpe avec une spatule pour vérifier le degré de cuisson, puis retournez-la dès qu'elle est dorée. Faites-la cuire sur l'autre face, puis glisser sur une assiette chaude. Préparez les autres crêpes de la même façon. Laissez-les en attente sur une casserole d'eau bouillante.
Mettez les framboises dans une casserole, saupoudrez-les de sucre et faites-les compoter à feu très doux pendant 5 minutes. Ajoutez quelques gouttes d'eau si le mélange attache. Pliez les crêpes en deux, répartissez cette compote de framboise au centre de chaque demi-lune et pliez-les en chausson. Disposez-les sur le plat de service ou des assiettes individuelles. Servez tiède, saupoudré de sucre glace.

■ **Notre conseil** : pour un dessert plus raffiné, vous pouvez flamber ces crêpes avec de l'eau-de-vie de framboise.

CRÊPES À LA MOUSSE DE NOIX

4 personnes **12 CRÊPES**

Pâte :
• 250 g de farine • 4 œufs • 50 cl de lait demi-écrémé • 1 cuil. à soupe d'huile • 20 g de beurre • sel
Garniture :
• 150 g de cerneaux de noix • 25 cl de crème fleurette • 4 œufs • 100 g de beurre • 100 g de sucre • 2 cuil. à soupe de rhum (facultatif)

Réalisation

Mettez la farine et une pincée de sel dans un saladier, creusez un puits au centre, ajoutez les œufs entiers. Mélangez avec une cuillère en bois jusqu'à obtention d'une pâte homogène, puis versez le lait petit à petit sans cesser de tourner. Ajoutez l'huile, mélangez à nouveau. Laissez reposer 2 heures au frais. Préparez la mousse de noix : cassez les œufs en séparant les jaunes des blancs que vous garderez pour une autre préparation. Versez le sucre dans une casserole, arrosez-le avec 4 cl d'eau et faites cuire en mélangeant jusqu'à ce que le sucre soit parfaitement fondu. Versez doucement le sucre sur les jaunes d'œufs sans cesser de remuer. Incorporez le beurre par petits morceaux, puis les noix hachées et le rhum. Battez la crème au fouet jusqu'à épaississement et incorporez-la au mélange. Placez la mousse au réfrigérateur. Au moment de faire cuire les crêpes, allongez la pâte avec un petit verre d'eau si elle est trop épaisse. Faites fondre la valeur d'un petit pois de beurre dans une crêpière ou une poêle. Dès qu'il mousse, versez une louche de pâte en tournant la poêle afin de bien recouvrir le fond. Laissez cuire à feu moyen pendant 1 à 2 minutes. Soulevez le bord de la crêpe avec une spatule pour vérifier le degré de cuisson, puis retournez-la. Laissez-la cuire sur l'autre face, puis faites-la glisser sur une assiette chaude. Préparez les autres crêpes de la même façon. Pliez chaque crêpe en demi-lune, répartissez un peu de mousse de noix et repliez les bords vers le centre en laissant apparaître la mousse. Disposez trois crêpes par assiette, servez tiède.

CRÊPES À LA NORMANDE

4 personnes **12 CRÊPES**

Pâte :
• 250 g de farine • 4 œufs • 50 cl de lait demi-écrémé • 1 cuil. à soupe d'huile • 20 g de beurre • sel
Garniture :
• 3 pommes (reinette, jonagold) • 20 g de beurre • 2 cuil. à soupe de sucre en poudre • 1 verre à liqueur de Bénédictine

Réalisation

Mettez la farine dans un saladier, creusez un puits au centre, ajoutez une pincée de sel puis les œufs entiers. Mélangez avec une cuillère en bois jusqu'à obtention d'une pâte homogène, puis versez le lait et l'huile petit à petit sans cesser de tourner. Couvrez le saladier et laissez reposer 2 heures.
Pelez les pommes, ôtez le trognon, coupez-les en quartiers puis en lamelles fines. Faites fondre le beurre dans une poêle, puis ajoutez les lamelles de pomme, saupoudrez de sucre et faites-les cuire en les retournant délicatement jusqu'à ce qu'elles soient presque

transparentes. Réservez. Allongez la pâte avec un petit verre d'eau si elle est trop épaisse. Faites fondre la valeur d'un petit pois de beurre dans une crêpière. Dès qu'il grésille, versez une louche de pâte dans la poêle en la tournant afin de bien répartir la pâte. Laissez cuire à feu moyen pendant 1 à 2 minutes. Soulevez le bord de la crêpe avec une spatule pour vérifier le degré de cuisson, puis retournez-la. Laissez-la cuire sur l'autre face, puis faites-la glisser sur une assiette chaude. Préparez les autres crêpes de la même façon. Recouvrez les crêpes d'un film plastique et mettez-les sur une casserole d'eau très chaude pour les maintenir au chaud. Arrosez les pommes de Bénédictine et faites flamber. Versez au centre de chaque crêpe quelques lamelles de pomme et un peu de jus de cuisson, pliez-la en deux et servez sans attendre.

CRÊPES AU CARAMEL

4 personnes **12 CRÊPES**

Pâte :
• 250 g de farine • 4 œufs • 50 cl de lait demi-écrémé • 1 cuil. à soupe d'huile • 20 g de beurre • sel
Garniture :
• 10 cl de crème liquide • 70 g de sucre en poudre • quelques gouttes de jus de citron • quelques gouttes d'extrait de vanille

Réalisation
Mettez la farine dans un saladier, creusez un puits au centre, ajoutez une pincée de sel puis les œufs entiers. Mélangez avec une cuillère en bois jusqu'à obtention d'une pâte homogène, puis versez le lait petit à petit sans cesser de tourner. Ajoutez l'huile, mélangez à nouveau. Couvrez le saladier et laissez reposer 2 heures. Au moment de faire cuire les crêpes, allongez la pâte avec un petit verre d'eau si elle est trop épaisse.
Faites fondre la valeur d'un petit pois de beurre dans une poêle. Dès qu'il mousse, versez une louche de pâte dans la poêle en la

tournant afin de bien répartir la pâte. Laissez cuire à feu moyen pendant 1 à 2 minutes. Soulevez le bord de la crêpe avec une spatule pour vérifier le degré de cuisson, puis retournez-la. Laissez-la cuire sur l'autre face, puis faites-la glisser sur une assiette chaude. Préparez les autres crêpes et maintenez-les au chaud.

Dans une casserole à fond épais, diluez le sucre avec 3 cl d'eau et quelques gouttes de jus de citron. Portez à ébullition jusqu'à ce que le mélange roussisse.

Retirez du feu et ajoutez la crème et l'extrait de vanille. Tartinez les crêpes de caramel et repliez-les en quart de lune. Servez tiède.

CRÊPES AU CHOCOLAT ET À LA CRÈME CHANTILLY

4 personnes **8 CRÊPES**

Pâte :
• 175 g de farine • 3 œufs • 30 cl de lait demi-écrémé • 1/2 cuil. à soupe d'huile • 20 g de beurre • sel
Garniture :
• 100 g de chocolat noir • crème Chantilly sucrée en bombe aérosol

Réalisation

Mettez la farine dans un saladier, creusez un puits au centre, ajoutez une pincée de sel puis les œufs entiers. Mélangez avec une cuillère en bois jusqu'à obtention d'une pâte homogène, puis versez le lait petit à petit sans cesser de tourner. Ajoutez l'huile, mélangez à nouveau. Couvrez le saladier puis laissez reposer pendant 2 heures. Au moment de faire cuire les crêpes, allongez la pâte avec un petit verre d'eau si elle est trop épaisse. Faites fondre la valeur d'un petit pois de beurre dans une crêpière. Dès qu'il grésille,

versez une louche de pâte dans la poêle en tournant afin de bien répartir la pâte. Laissez cuire à feu moyen pendant 1 à 2 minutes. Soulevez le bord de la crêpe avec une spatule pour vérifier le degré de cuisson, puis retournez-la. Laissez-la cuire sur l'autre face, puis faites-la glisser sur une assiette chaude. Préparez les autres crêpes de la même façon et réservez-les au chaud.
Faites fondre le chocolat coupé en morceaux dans une casserole avec une cuillerée à soupe d'eau. Tartinez-en les crêpes, pliez-les en quatre et disposez-les sur le plat de service. Décorez chaque crêpe d'un cordon de crème Chantilly.

CRÊPES AU CHOCOLAT ET À LA NOIX DE COCO

4 personnes **8 CRÊPES**

Pâte :
- 175 g de farine • 3 œufs • 30 cl de lait demi-écrémé
- 1/2 cuil. à soupe d'huile • 20 g de beurre • sel

Garniture :
- 100 g de chocolat noir • 125 g de noix de coco râpée

Réalisation

Mettez la farine dans un saladier, creusez un puits au centre, ajoutez une pincée de sel puis les œufs entiers. Mélangez avec une cuillère en bois jusqu'à obtention d'une pâte homogène, puis versez le lait petit à petit sans cesser de tourner. Ajoutez l'huile, mélangez à nouveau. Couvrez le saladier puis laissez reposer pendant 2 heures. Allongez la pâte avec un petit verre d'eau si elle est trop épaisse.

Faites fondre la valeur d'un petit pois de beurre dans une poêle. Dès qu'il grésille, versez une louche de pâte dans la poêle en

tournant afin de bien répartir la pâte. Laissez cuire à feu moyen pendant 1 à 2 minutes. Soulevez le bord de la crêpe avec une spatule pour vérifier le degré de cuisson, puis retournez-la. Laissez-la cuire sur l'autre face, puis faites-la glisser sur une assiette chaude. Préparez les autres crêpes de la même façon et réservez-les au chaud.
Faites fondre le chocolat coupé en morceaux dans une casserole avec une cuillerée à soupe d'eau. Tartinez-en chaque crêpe, pliez-les en quatre et disposez-les sur le plat de service. Saupoudrez-les de noix de coco râpée.

CRÊPES AU CHOCOLAT ET À L'ORANGE

4 personnes **8 CRÊPES**

Pâte :
• 175 g de farine • 3 œufs • 30 cl de lait demi-écrémé • 1/2 cuil. à soupe d'huile • 20 g de beurre • sel

Garniture :
• 100 g de chocolat noir • 1 orange non traitée

Réalisation

Mettez la farine et une pincée de sel dans un saladier, creusez un puits au centre, ajoutez les œufs entiers. Mélangez avec une cuillère en bois jusqu'à obtention d'une pâte homogène, puis versez le lait petit à petit sans cesser de tourner. Ajoutez l'huile, mélangez à nouveau. Couvrez le saladier puis laissez reposer pendant 2 heures.

Prélevez le zeste de l'orange avec un couteau économe et râpez-le finement. Pressez le fruit. Faites fondre le chocolat coupé en morceaux dans une casserole avec deux cuillerées à soupe de jus d'orange. Réservez. Allongez la

pâte avec un petit verre d'eau si elle est trop épaisse.
Faites fondre la valeur d'un petit pois de beurre dans une crêpière. Versez une louche de pâte dans la poêle en la tournant afin de bien répartir la pâte. Laissez cuire à feu moyen pendant 1 à 2 minutes. Soulevez le bord de la crêpe avec une spatule pour vérifier le degré de cuisson, puis retournez-la. Faites-la cuire sur l'autre face, puis glissez-la sur une assiette chaude. Préparez les autres crêpes de la même façon et réservez-les au chaud.
Tartinez les crêpes de chocolat fondu, pliez-les en quatre et disposez-les sur le plat de service. Répartissez le zeste râpé.

CRÊPES AU CONFIT DE FIGUES

4 personnes **12 CRÊPES**

Pâte :
• 250 g de farine • 4 œufs • 50 cl de lait demi-écrémé • 1 cuil. à soupe d'huile • 20 g de beurre • sel
Garniture :
• 300 g de figues mûres • 200 g de sucre en poudre • 1 citron • 1 gousse de vanille

Réalisation
Mettez la farine et une pincée de sel dans un saladier, creusez un puits au centre, ajoutez les œufs entiers. Mélangez jusqu'à obtention d'une pâte homogène, puis versez le lait petit à petit sans cesser de tourner. Ajoutez l'huile, mélangez à nouveau. Couvrez le saladier avec un torchon, puis laissez reposer 2 heures. Pressez le citron, versez le jus dans une casserole, ajoutez le sucre, la gousse de vanille et 10 cl d'eau. Lavez les figues, essuyez-les et coupez-les en quatre. Mettez-les dans le sirop et laissez cuire à très petit feu pendant 25 minutes environ.

Retirez la vanille, laissez tiédir et passez au mixeur. Au moment de faire cuire les crêpes, allongez la pâte avec un petit verre d'eau si elle est trop épaisse.
Faites fondre la valeur d'un petit pois de beurre dans une crêpière. Dès qu'il grésille, versez une louche de pâte dans la poêle en tournant afin de bien répartir la pâte. Laissez cuire à feu moyen pendant 1 à 2 minutes. Soulevez le bord de la crêpe avec une spatule pour vérifier le degré de cuisson, puis retournez-la. Faites-la cuire sur l'autre face, puis glissez-la sur une assiette chaude.
Préparez les autres crêpes, tartinez-les au fur et à mesure de confit de figues et repliez-les en quart de lune.
Disposez sur les assiettes individuelles ou sur un plat de service.

CRÊPES AU COULIS DE FRAISES À L'ORANGE ET AU MIEL

4 personnes **12 CRÊPES**

Pâte :
• 250 g de farine • 4 œufs • 50 cl de lait demi-écrémé • 1 cuil. à soupe d'huile • 20 g de beurre • sel
Garniture :
• 500 g de fraises • 1 orange • 5 cuil. à soupe de miel

Réalisation

Mettez la farine dans un saladier avec une pincée de sel, creusez un puits au centre et ajoutez les œufs entiers. Mélangez avec une cuillère en bois jusqu'à obtention d'une pâte homogène, puis versez le lait petit à petit sans cesser de tourner. Ajoutez l'huile, mélangez à nouveau. Couvrez le saladier, puis laissez reposer 2 heures.
Lavez les fraises, épongez-les et équeutez-les. Épluchez l'orange, détachez les quartiers en ôtant les peaux blanches. Mixez les fruits avec le miel. Réservez.
Au moment de faire cuire les crêpes, allon-

gez la pâte avec un petit verre d'eau si elle est trop épaisse.
Faites fondre la valeur d'un petit pois de beurre dans une poêle. Dès qu'il grésille, versez une louche de pâte en tournant la poêle afin de bien recouvrir le fond. Laissez cuire à feu moyen pendant 1 à 2 minutes. Soulevez le bord de la crêpe avec une spatule pour vérifier le degré de cuisson, puis retournez-la. Faites-la cuire sur l'autre face, puis glissez-la sur une assiette chaude. Préparez les autres crêpes de la même façon.
Tartinez les crêpes de coulis de fraises et pliez-les en quatre. Disposez sur les assiettes.

Une variante : vous pouvez aussi utiliser des framboises à la place des fraises, ou mélanger les deux fruits.

CRÊPES AU COULIS DE PRUNEAUX

4 personnes **12 CRÊPES**

Pâte :
• 250 g de farine • 4 œufs • 50 cl de lait demi-écrémé • 1 cuil. à soupe d'huile • 20 g de beurre • sel
Garniture :
• 120 g de pruneaux dénoyautés • 1 sachet de thé • 30 g de sucre • 1 cuil. à café de cannelle en poudre • sucre glace

Réalisation

Mettez la farine dans un saladier, creusez un puits au centre, ajoutez une pincée de sel puis les œufs entiers. Mélangez avec une cuillère en bois jusqu'à obtention d'une pâte homogène, puis versez le lait petit à petit sans cesser de tourner. Ajoutez l'huile, mélangez à nouveau. Couvrez le saladier et laissez reposer 2 heures.
Préparez un thé bien fort dans un saladier. Mettez les pruneaux à tremper et laissez-les gonfler pendant 30 minutes environ. Faites-les cuire à très petit feu dans une casserole avec quatre cuillerées à soupe de thé, le sucre

et la cannelle pendant 30 minutes. Laissez tiédir et passez au mixeur. Au moment de faire cuire les crêpes, allongez la pâte avec un petit verre d'eau si elle est trop épaisse. Faites fondre la valeur d'un petit pois de beurre dans une crêpière. Dès qu'il grésille, versez une louche de pâte dans la poêle en la tournant afin de bien répartir la pâte. Laissez cuire à feu moyen pendant 1 à 2 minutes. Soulevez le bord de la crêpe avec une spatule pour vérifier le degré de cuisson, puis retournez-la. Faites-la cuire sur l'autre face, puis glissez-la sur une assiette chaude. Préparez les autres crêpes de la même façon.
Tartinez chaque crêpe de coulis de pruneaux et repliez-la en quatre. Disposez sur le plat de service et saupoudrez d'un peu de sucre glace. Servez tiède.

■ **Notre conseil :** vous pouvez préparer le coulis plusieurs heures à l'avance et le réchauffer au moment de préparer le dessert.

CRÊPES AU COULIS D'ORANGE

4 personnes **12 CRÊPES**

Pâte :
• 250 g de farine • 4 œufs • 50 cl de lait demi-écrémé • 1 cuil. à soupe d'huile • 20 g de beurre • sel
Garniture :
• 1 orange non traitée • 2 cuil. à soupe de miel • 1 cuil. à soupe d'eau de fleur d'oranger

Réalisation
Mettez la farine dans un saladier, creusez un puits au centre, ajoutez une pincée de sel puis les œufs entiers. Mélangez avec une cuillère en bois jusqu'à obtention d'une pâte homogène, puis versez le lait petit à petit sans cesser de tourner. Ajoutez l'huile, mélangez à nouveau. Couvrez le saladier avec un torchon, puis laissez reposer 2 heures.
Prélevez le zeste de l'orange avec un couteau économe et coupez-le en très fines lanières. Faites-les blanchir dans de l'eau bouillante pendant 2 minutes, égouttez-les. Pressez le fruit et versez le jus obtenu dans une petite

casserole. Ajoutez le miel, l'eau de fleur d'oranger et les zestes. Faites cuire à feu très doux jusqu'à ce que le mélange devienne sirupeux. Allongez la pâte avec un petit verre d'eau si elle est trop épaisse.
Faites fondre la valeur d'un petit pois de beurre dans une crêpière ou une poêle à fond plat. Dès qu'il grésille, versez une louche de pâte en tournant la poêle afin de bien recouvrir le fond. Laissez cuire à feu moyen pendant 1 à 2 minutes. Soulevez le bord de la crêpe avec une spatule pour vérifier le degré de cuisson, puis retournez-la. Faites-la cuire sur l'autre face, puis glissez-la sur une assiette placée sur une casserole d'eau bouillante. Pliez les crêpes en quatre, disposez-les sur le plat de service ou sur des assiettes individuelles et arrosez-les de coulis. Servez tiède.

CRÊPES AU MIEL

4 personnes **12 CRÊPES**

Pâte :
• 250 g de farine • 4 œufs • 50 cl de lait demi-écrémé • 1 cuil. à soupe d'huile • 20 g de beurre • sel
Garniture :
• 75 g de cerneaux de noix • 75 g d'amandes • 6 cuil. à soupe de miel liquide

Réalisation
Mettez la farine dans un saladier, creusez un puits au centre, ajoutez une pincée de sel puis les œufs entiers. Mélangez avec une cuillère en bois jusqu'à obtention d'une pâte homogène, puis versez le lait petit à petit sans cesser de tourner. Ajoutez l'huile, mélangez à nouveau. Couvrez le saladier et laissez reposer 2 heures. Allongez la pâte avec un petit verre d'eau si elle est trop épaisse.
Faites fondre la valeur d'un petit pois de beurre dans une poêle. Dès qu'il grésille, versez une louche de pâte dans la poêle en tournant afin de bien répartir la pâte. Laissez

cuire à feu moyen pendant 1 à 2 minutes. Soulevez le bord de la crêpe avec une spatule pour vérifier le degré de cuisson, puis retournez-la. Laissez-la cuire sur l'autre face, puis faites-la glisser sur une assiette chaude. Préparez les autres crêpes de la même façon et maintenez-les au chaud sur une casserole d'eau bouillante.

Concassez grossièrement les noix et les amandes, mettez-les dans une casserole avec le miel et faites-les tiédir en mélangeant afin que les fruits soient bien enrobés.

Tartinez les crêpes avec ce mélange, pliez-les en quatre et servez-les tièdes.

CRÊPES AU SABAYON DE CALVADOS

4 personnes **12 CRÊPES**

Pâte :
• 250 g de farine • 4 œufs • 50 cl de lait demi-écrémé • 1 cuil. à soupe d'huile • 20 g de beurre • sel
Garniture :
• 4 pommes • 4 œufs • 100 g de sucre • 25 cl de cidre doux • 4 cl de calvados • 30 g de beurre

Réalisation
Mettez la farine dans un saladier, creusez un puits au centre, ajoutez une pincée de sel puis les œufs entiers. Mélangez avec une cuillère en bois jusqu'à obtention d'une pâte homogène, puis versez le lait petit à petit sans cesser de tourner. Ajoutez l'huile, mélangez à nouveau. Couvrez le saladier et laissez reposer 2 heures. Au moment de faire cuire les crêpes, allongez la pâte avec un petit verre d'eau si elle est trop épaisse.
Faites fondre la valeur d'un petit pois de beurre dans une crêpière. Dès qu'il grésille, versez une louche de pâte en tournant la poêle

afin de bien recouvrir le fond. Laissez cuire à feu moyen pendant 1 à 2 minutes. Soulevez le bord de la crêpe avec une spatule pour vérifier le degré de cuisson, puis retournez-la. Faites-la cuire sur l'autre face, puis glisser sur une assiette chaude. Préparez les autres crêpes de la même façon et réservez-les au chaud.

Cassez les œufs en séparant les jaunes des blancs que vous garderez pour une autre préparation.

Mettez les jaunes dans une casserole, ajoutez le sucre et fouettez vigoureusement jusqu'à ce que le mélange blanchisse et forme un ruban.

Placez la casserole au bain-marie et ajoutez peu à peu le cidre puis le calvados sans cesser de mélanger jusqu'à ce que le mélange épaississe. Roulez les crêpes sur elles-mêmes et disposez-les sur le plat de service.

Arrosez-les de sabayon chaud et servez immédiatement.

CRÊPES AU SUCRE

4 personnes **12 GRANDES CRÊPES**

Pâte :
• 250 g de farine • 4 œufs • 50 cl de lait demi-écrémé • 1 cuil. à soupe d'huile • 20 g de beurre • sel

Réalisation

Mettez la farine dans un saladier, creusez un puits au centre, ajoutez une pincée de sel puis les œufs entiers. Mélangez avec une cuillère en bois jusqu'à obtention d'une pâte homogène, puis versez le lait petit à petit sans cesser de tourner. Ajoutez l'huile, mélangez à nouveau. Couvrez le saladier et laissez reposer 2 heures. Au moment de faire cuire les crêpes, allongez la pâte avec un petit verre d'eau si elle est trop épaisse.

Faites fondre la valeur d'un petit pois de beurre dans une crêpière. Dès qu'il grésille, versez une louche de pâte dans la poêle en tournant afin de bien répartir la pâte. Laissez cuire à feu moyen pendant 1 à 2 minutes. Soulevez le bord de la crêpe avec une spatule

pour vérifier le degré de cuisson, puis retournez-la. Faites-la cuire sur l'autre face, puis glissez-la sur une assiette posée sur une casserole d'eau chaude. Préparez les autres crêpes de la même façon.
Couvrez avec un film alimentaire si vous ne les dégustez pas immédiatement.
Servez-les avec du sucre en poudre et un assortiment de confitures, un pot de pâte à tartiner, du miel, du sirop d'érable…

CRÊPES AUX BANANES

4 personnes **4 CRÊPES**

Pâte :
• 120 g de farine • 2 œufs • 25 cl de lait demi-écrémé • 1 cuil. à soupe d'huile • 10 g de beurre • sel
Garniture :
• 4 bananes • 50 g de beurre • 1 pincée de quatre-épices • 30 g de sucre en poudre

Réalisation

Mettez la farine et une pincée de sel dans un saladier, creusez un puits au centre et ajoutez les œufs entiers. Mélangez jusqu'à obtention d'une pâte homogène, puis versez le lait petit à petit sans cesser de tourner. Ajoutez l'huile, mélangez à nouveau. Couvrez le saladier avec un torchon, puis laissez reposer 2 heures.
Pelez les bananes et faites-les revenir à la poêle dans 10 g de beurre à feu très doux. Dès qu'elles sont tendres, saupoudrez-les avec la moitié du sucre, ajoutez le quatre-épices et laissez caraméliser. Allongez la pâte

avec un petit verre d'eau si elle est trop épaisse. Faites fondre la valeur d'un petit pois de beurre dans une poêle. Dès qu'il grésille, versez une louche de pâte dans la poêle en la tournant afin de bien répartir la pâte. Laissez cuire à feu moyen pendant 1 à 2 minutes. Soulevez le bord de la crêpe avec une spatule pour vérifier le degré de cuisson, puis retournez-la. Faites-la cuire sur l'autre face, puis glissez-la sur une assiette chaude. Préparez les autres crêpes de la même façon.
Préchauffez le four à 180 °C (th. 6). Placez une banane dans chaque crêpe, enroulez-la et disposez-la dans un plat à four. Saupoudrez avec le reste du sucre, parsemez de parcelles de beurre et faites réchauffer au four pendant 5 minutes. Servez très chaud.

■ **Notre conseil :** si vous souhaitez un dessert plus corsé, arrosez les crêpes d'un peu de rhum et faites-les flamber au moment de les servir.

CRÊPES AUX MYRTILLES

4 personnes **12 CRÊPES**

Pâte :
- 250 g de farine • 4 œufs • 50 cl de lait demi-écrémé
- 20 g de beurre • sel

Garniture :
- 12 cuil. à café de sirop d'érable • 150 g de myrtilles fraîches ou surgelées

Réalisation

Mettez la farine dans un saladier, creusez un puits au centre, ajoutez une pincée de sel puis les œufs entiers. Mélangez avec une cuillère en bois jusqu'à obtention d'une pâte homogène, puis versez le lait petit à petit sans cesser de tourner. Couvrez le saladier et laissez reposer 2 heures. Au moment de faire cuire les crêpes, allongez la pâte avec un petit verre d'eau si elle est trop épaisse.

Faites fondre la valeur d'un petit pois de beurre dans une crêpière. Dès qu'il grésille, versez une louche de pâte en tournant la poêle afin de bien recouvrir le fond. Laissez cuire

à feu moyen pendant 1 à 2 minutes. Soulevez le bord de la crêpe avec une spatule pour vérifier le degré de cuisson, puis retournez-la. Laissez-la cuire sur l'autre face, puis faites-la glisser sur une assiette chaude. Préparez les autres crêpes de la même façon.

Versez au centre de chacune un peu de sirop d'érable, disposez quelques myrtilles et repliez en quatre.

Disposez les crêpes sur un plat de service ou sur des assiettes individuelles. Servez tiède.

CRÊPES DES ÎLES À L'ANANAS

4 personnes **4 CRÊPES**

Pâte :
• 170 g de farine • 3 œufs • 30 cl de lait demi-écrémé • 1/2 cuil. à café d'huile • 20 g de beurre • sel
Garniture :
• 8 tranches d'ananas au sirop • 1 verre de rhum • 20 g de beurre • 2 cuil. à soupe de sucre glace

Réalisation
Mettez la farine dans un saladier, creusez un puits au centre, ajoutez une pincée de sel puis les œufs entiers. Mélangez avec une cuillère en bois jusqu'à obtention d'une pâte homogène, puis versez le lait petit à petit sans cesser de tourner. Ajoutez l'huile, mélangez à nouveau. Couvrez le saladier et laissez reposer 2 heures. Allongez la pâte avec un petit verre d'eau si elle est trop épaisse.
Faites fondre la valeur d'un petit pois de beurre dans une crêpière. Dès qu'il grésille, versez une louche de pâte en tournant la poêle afin de bien recouvrir le fond. Laissez cuire

à feu moyen pendant 1 à 2 minutes. Soulevez le bord de la crêpe avec une spatule pour vérifier le degré de cuisson, puis retournez-la. Laissez-la cuire sur l'autre face, puis faites-la glisser sur une assiette chaude. Préparez les autres crêpes de la même façon et maintenez-les au chaud sur une casserole remplie d'eau bouillante.
Coupez les tranches d'ananas en petits morceaux et faites-les dorer dans le beurre. Arrosez de rhum et de trois cuillerées de sirop. Répartissez les fruits au centre de chaque crêpe et fermez-les en aumônières avec un lien de raphia.
Disposez-les sur des assiettes individuelles et saupoudrez de sucre glace.

CRÊPES FLAMBÉES AUX AMANDES

4 personnes **12 CRÊPES**

Pâte :
• 250 g de farine • 4 œufs • 50 cl de lait demi-écrémé • 4 cl de Cointreau • 1 cuil. à soupe d'huile • 20 g de beurre • sel

Garniture :
• 100 g d'amandes effilées • 100 g de sucre en poudre • 1 œuf • 10 g de beurre • 4 cl de Cointreau

Réalisation

Mettez la farine dans un saladier, creusez un puits au centre, ajoutez une pincée de sel puis les œufs entiers. Mélangez avec une cuillère en bois jusqu'à obtention d'une pâte homogène, puis versez le lait petit à petit sans cesser de tourner. Ajoutez le Cointreau, l'huile, et mélangez à nouveau. Couvrez le saladier puis laissez reposer 2 heures.
Cassez l'œuf en séparant le blanc du jaune que vous garderez pour une autre préparation. Battez le blanc d'œuf à la fourchette dans un grand bol, incorporez le sucre et les

amandes effilées. Réservez. Au moment de faire cuire les crêpes, allongez la pâte avec un petit verre d'eau si elle est trop épaisse. Faites fondre la valeur d'un petit pois de beurre dans une poêle. Dès qu'il grésille, versez une louche de pâte dans la poêle en la tournant afin de bien répartir la pâte. Laissez cuire à feu moyen pendant 1 à 2 minutes. Soulevez le bord de la crêpe avec une spatule pour vérifier le degré de cuisson, puis retournez-la. Faites-la cuire sur l'autre face, puis glissez-la sur une assiette chaude.

Pliez-la en quatre et tartinez-la du mélange aux amandes et disposez-la sur le plat de service. Continuez la cuisson et le garnissage des autres crêpes.

Faites chauffer le Cointreau dans une casserole, versez-le bouillant sur les crêpes, craquez une allumette et servez immédiatement.

CRÊPES SOUFFLÉES AU GRAND-MARNIER

❖❖ 4 personnes **12 CRÊPES**

Pâte :
• 250 g de farine • 4 œufs • 50 cl de lait demi-écrémé • 1 cuil. à soupe d'huile • 20 g de beurre • sel
Garniture :
• 50 g de sucre • 4 œufs • 15 cl de lait • 1 cuil. à soupe de Maïzena • 25 g de beurre • 2 cuil. à soupe de Grand-Marnier • sel

Réalisation

Mettez la farine dans un saladier, creusez un puits au centre, ajoutez une pincée de sel puis les œufs entiers. Mélangez avec une cuillère en bois jusqu'à obtention d'une pâte homogène, puis versez le lait petit à petit sans cesser de tourner. Ajoutez l'huile, mélangez à nouveau. Couvrez le saladier et laissez reposer 2 heures. Allongez la pâte avec un petit verre d'eau si elle est trop épaisse.
Faites cuire les crêpes, réservez-les.
Préparez la garniture : cassez les œufs en sépa-

rant les blancs des jaunes. Faites bouillir le lait. Mettez les jaunes dans un bol, ajoutez le sucre et mélangez bien à la spatule, puis versez la Maïzena et mélangez à nouveau. Transvasez le mélange dans une casserole et délayez avec le lait chaud. Faites épaissir à feu doux puis ajoutez le Grand-Marnier. Battez les blancs d'œufs en neige ferme avec une pincée de sel et incorporez-les délicatement à la crème.
Préchauffez le four à 180 °C (th. 6). Tartinez chaque crêpe d'un peu de ce mélange et roulez-les. Faites fondre le beurre.
Disposez les crêpes dans un plat à four, arrosez-les de beurre fondu et faites-les gonfler au four pendant 15 minutes.

■ **Notre conseil** : pour cette recette, vous pouvez préparer les crêpes plusieurs heures à l'avance et les conserver dans une feuille d'aluminium ménager.

CRÊPES AUX ÉPICES

4 personnes **4 GALETTES**

• 300 g de farine de sarrasin • 3 œufs • 60 cl de lait • 10 g de bicarbonate de soude • 3 cuil. à soupe de cassonade • 50 g de beurre • 1 orange non traitée • 2 cuil. à café de cannelle • 2 cuil. à café de gingembre • 1 cuil. à café de poudre d'anis • 4 cuil. à soupe de sirop d'érable • sel

Réalisation

Prélevez le zeste de l'orange avec un couteau économe et râpez-le. Pressez le fruit, réservez le jus. Mélangez dans un saladier la farine, la cassonade, une pincée de sel, les épices, le zeste râpé et le bicarbonate de soude. Formez un puits et ajoutez les œufs battus. Mélangez bien au fouet, puis versez petit à petit le lait et le beurre fondu. Laissez reposer 2 heures. Faites cuire les crêpes à la poêle, disposez-les sur le plat de service pliées en quatre et arrosez-les de sirop d'érable dilué avec le jus d'orange.

CRÊPES SOUFFLÉES AUX FRUITS SECS

4 personnes **12 CRÊPES**

Pâte :
• 175 g de farine • 1 sachet de levure • 25 cl de lait • 3 œufs • 10 g de sucre • 10 cl de crème fraîche • 20 g de beurre • sel

Garniture :
• 12 dattes • 1 poignée d'amandes et de pistaches • 1 bombe de crème fouettée sucrée

Réalisation

Faites tiédir le lait. Versez la levure dans un bol, délayez-la avec une cuillerée à soupe de lait. Cassez les œufs en séparant les blancs des jaunes. Mettez la farine dans un saladier, ajoutez le sucre, la levure délayée, les jaunes d'œufs, une pincée de sel et versez doucement le lait en mélangeant constamment. Couvrez le saladier avec un torchon et laissez lever la pâte près d'une source de chaleur pendant 1 heure.

Battez les blancs d'œufs en neige ferme avec une pincée de sel, et incorporez-les délicatement à la pâte. Faites fondre un petit pois

de beurre dans une poêle à blinis et versez une petite louche de pâte en tournant la poêle pour bien répartir la pâte. Laissez cuire à feu doux jusqu'à ce que la crêpe soit dorée et gonflée. Retournez-la et faites-la cuire sur l'autre face. Déposez-la sur une assiette chaude. Préparez toutes les crêpes de la même façon. Tenez-les au chaud.
Concassez grossièrement les pistaches et les amandes, coupez les dattes en très petits dés, mélangez-les. Mettez une cuillerée à soupe de fruits secs au centre de chaque crêpe, ajoutez une pression de crème fouettée et repliez-la en chausson. Disposez sur le plat de service et servez tiède.

✪ **Une variante** : vous pouvez remplacer les dattes par des figues ou des raisins secs et les amandes par des noisettes.

MUFFINS

4 personnes **12 CRÊPES**

• 450 g de farine • 30 cl de lait • 40 g de levure • 100 g de beurre • 40 g de sucre • 1 cuil. à café de sel

Réalisation

Laissez le beurre à température ambiante pendant au moins 1 heure avant la préparation de la pâte afin qu'il soit ramolli. Faites tiédir le lait. Mettez la farine dans un saladier, ajoutez le sel et la levure, puis versez peu à peu le lait en remuant sans cesse jusqu'à obtention d'une pâte élastique. Ajoutez le beurre et le sucre, mélangez bien. Recouvrez d'un torchon et laissez en attente pendant 1 heure. Farinez un plan de travail, déposez la pâte, aplatissez-la et découpez des disques de la taille d'une poêle à blinis avec un verre ou un emporte-pièce. Mettez ces disques de pâte sur un plat, recouvrez-les d'un torchon et laissez-les lever près d'une source de chaleur (radiateur, plaque de cuisson, four...). Graissez une poêle à blinis avec un peu de beurre et faites cuire chaque muffin pendant 2 minutes de chaque côté.

❂ **Notre conseil** : autre gourmandise d'origine anglaise, le muffin accompagne également le « five o'clock tea ». Coupez-le en deux, passez-le au grille-pain et accompagnez-le de beurre, de confiture, de miel ou de sirop d'érable.

CRÉPIAU AUX POMMES

❖ 4 personnes **4 GALETTES**

Pâte :
• 150 g de farine • 3 œufs • 25 cl de lait demi écrémé • 30 g de beurre • sel

Garniture :
• 2 pommes • 30 g de sucre en poudre • 30 g de beurre

Réalisation

Épluchez les pommes et coupez-les en tranches fines. Faites fondre 30 g de beurre dans une poêle, et faites revenir les pommes pendant

2 minutes, puis saupoudrez-les de sucre et laissez-les caraméliser pendant 5 minutes. Réservez.
Versez la farine dans un saladier, ajoutez une pincée de sel et les œufs entiers. Mélangez à la cuillère en bois jusqu'à ce que les œufs soient absorbés, puis délayez avec le lait en le versant peu à peu. La pâte doit être assez épaisse.
Faites fondre 30 g de beurre dans une grande poêle et versez la moitié de la pâte. Laissez prendre à feu doux, étalez les pommes caramélisées, puis versez le reste de pâte. Continuez la cuisson à feu doux. Dès que le crépiau est doré, retournez-le et faites cuire l'autre face. Faites glisser sur le plat de service et servez chaud ou tiède.

✪ **Une variante :** vous pouvez aussi préparer ce dessert avec des poires.

CRÊPES SUZETTE

4 personnes **4 GALETTES**

• 250 g de farine • 4 œufs • 50 cl de lait demi-écrémé • 1 cuil. à soupe d'huile • 20 g de beurre • 1 orange • 1 cuil. à café de curaçao • sel

Garniture :

• 1 orange non traitée • 30 g de beurre • 30 g de sucre en poudre

Réalisation

Sortez le beurre du réfrigérateur. Pressez l'orange. Mettez la farine dans un saladier, creusez un puits au centre, ajoutez une pincée de sel puis les œufs entiers. Mélangez avec une cuillère en bois jusqu'à obtention d'une pâte homogène, puis versez le lait petit à petit sans cesser de tourner. Ajoutez l'huile, le jus d'orange et le curaçao et mélangez à nouveau. Couvrez le saladier avec un torchon, puis laissez reposer 2 heures.

Prélevez le zeste de l'orange non traitée avec un couteau économe et râpez-le. Pressez le fruit. Malaxez le beurre avec le sucre en

poudre, le jus d'orange et les zestes. Au moment de faire cuire les crêpes, allongez la pâte avec un petit verre d'eau si elle est trop épaisse. Faites fondre la valeur d'un petit pois de beurre dans une crêpière. Dès qu'il grésille, versez une louche de pâte dans la poêle en tournant afin de bien répartir la pâte. Laissez cuire à feu moyen pendant 1 à 2 minutes. Soulevez le bord de la crêpe avec une spatule pour vérifier le degré de cuisson, puis retournez-la. Faites-la cuire sur l'autre face, puis glissez-la sur une assiette chaude. Tartinez les crêpes avec le beurre parfumé et pliez-les en quatre.
Réchauffez-les dans une poêle et faites-les glisser dans le plat de service.

■ **Notre conseil :** vous pouvez flamber les crêpes avec deux cuillerées à soupe de curaçao chauffé dans une petite casserole.

CRUMPETS

4 personnes **12 PIÈCES**

• 150 g de fécule de maïs • 350 g de farine • 2 cuil. à soupe de sucre • 4 blancs d'œufs • 50 cl de lait • 1 sachet de levure
• 30 g de beurre + 20 g pour la cuisson • sel

Réalisation

Faites fondre 30 g de beurre à feu doux sans le laisser prendre couleur. Mélangez dans un saladier la farine, le sucre, la levure, une pincée de sel et deux cuillerées à soupe de lait tiédi. Mélangez bien, puis ajoutez le reste du lait et le beurre fondu. Laissez reposer pendant 1 heure.

Battez les blancs d'œufs en neige ferme avec une pincée de sel, et mélangez-les délicatement à la pâte.

Faites fondre la valeur d'un petit pois de beurre dans une poêle à blinis, versez une louche de pâte en tournant la poêle et faites cuire pendant 1 à 2 minutes.

Retournez le crumpet et laissez-le cuire jusqu'à ce qu'il soit doré. Déposez-le sur une assiette chaude, et faites cuire les autres de la même façon.

❂ **Notre conseil :** ces crumpets, qui font partie de la tradition britannique, se servent chauds avec du thé, l'après-midi, accompagnés de beurre frais, et de marmelade d'orange ou de confiture de rose.
Mais vous pouvez aussi les laisser refroidir et les passer au grille-pain avant de les déguster, pourquoi pas au petit-déjeuner.

GALETTES À LA MOUSSE DE POIRES

4 personnes **4 GALETTES**

Pâte :
• 150 g de farine de sarrasin • 50 g de farine de froment • 15 cl de lait • 1 œuf • 50 g de beurre fondu • sel
Garniture :
• 4 grosses poires • 4 blancs d'œufs • 20 g de sucre • quelques gouttes de jus de citron • 10 baies de genièvre

Réalisation

Mettez les deux farines dans un saladier et ajoutez une bonne pincée de sel. Creusez un puits et versez l'œuf battu. Mélangez rapidement au fouet, puis ajoutez petit à petit le lait et enfin le beurre fondu sans cesser de remuer. Couvrez et laissez reposer au réfrigérateur pendant 2 heures.

Préparez la mousse : épluchez les poires, coupez la chair en dés, et mettez-les dans une casserole avec le sucre et le jus de citron. Enveloppez les baies de genièvre dans une gaze, et ajoutez-les. Arrosez avec 10 cl d'eau et faites cuire à très petit feu pendant

10 minutes. Retirez la gaze et mixez les fruits. Battez les blancs d'œufs en neige ferme avec une pincée de sel, puis ajoutez-les délicatement à la pulpe de fruits. Mettez au réfrigérateur. Ajoutez un peu d'eau à la pâte si nécessaire.
Faites fondre dans la poêle une noisette de beurre ; dès qu'il grésille, versez la pâte en couche très fine en tournant la poêle afin que le fond soit recouvert. Faites cuire à feu modéré pendant environ 1 minute et retournez la galette avec une spatule. Laissez-la cuire 1 minute de l'autre côté et faites-la glisser sur une assiette. Préparez les autres galettes de la même façon.
Garnissez-les de mousse de poires et repliez-les en chausson, puis disposez-les sur des assiettes individuelles.

✪ **Une variante :** vous pouvez remplacer les poires par des pommes en les faisant cuire avec des clous de girofle.

GÂTEAU DE BLINIS MERINGUÉ AUX AMANDES

4 personnes **12 BLINIS**

Pâte :
• 175 g de farine de froment • 10 g de levure • 25 cl de lait • 2 œufs • une pincée de sel • 20 g de beurre
Garniture :
• 8 cuil. à soupe de miel • 125 g d'amandes effilées • 2 blancs d'œufs • 20 g de sucre • sel

Réalisation
Faites tiédir un verre de lait. Mettez 30 g de farine dans un saladier, ajoutez la levure et versez le lait en remuant constamment jusqu'à obtention d'une pâte molle. Couvrez avec un torchon et laissez reposer pendant 1 heure. La pâte doit doubler de volume. Versez le reste de farine dans une terrine, faites un puits, ajoutez le sel et les jaunes d'œufs, mélangez, puis ajoutez le levain sans cesser de remuer. Délayez ensuite avec le reste de lait en le versant lentement. Couvrez et laissez reposer à nouveau pendant 30 minutes

dans un endroit tempéré. Battez les blancs d'œufs en neige ferme et incorporez-les délicatement à la pâte. Faites fondre la valeur d'un petit pois de beurre dans une poêle à blinis. Versez une petite louche de pâte dans la poêle et laissez cuire à feu doux jusqu'à ce que les bords soient dorés. Retournez le blini et laissez cuire sur l'autre face. Faites-le glisser sur une assiette chaude. Préparez les autres blinis de la même façon. Formez quatre petits gâteaux en empilant trois blinis les uns sur les autres en les cimentant avec une cuillerée à soupe de miel. Mettez-les dans un plat à four. Préchauffez le four à 210 °C (th. 7). Battez les blancs d'œufs en neige ferme avec une pincée de sel et le sucre. Recouvrez les gâteaux avec cette meringue en lissant avec la lame d'un couteau. Faites dorer au four. Pendant ce temps, faites griller les amandes effilées à la poêle. Saupoudrez-en les gâteaux à la sortie du four. Servez chaud ou tiède.
Une variante : à la place de miel, vous pouvez utiliser une confiture : gelée de fruits rouges ou marmelade d'orange ou d'abricot.

GÂTEAU DE CRÊPES AU COULIS DE FRUITS ROUGES

4 personnes **12 CRÊPES**

Pâte :
• 250 g de farine • 4 œufs • 50 cl de lait demi-écrémé • 1 cuil. à soupe d'huile • 20 g de beurre • sel
Garniture :
• 1 bombe de crème fouettée • 250 g de fruits rouges (fraises ou framboises) • 100 g de sucre en poudre • 4 cuil. à soupe de sucre glace

Réalisation
Mettez la farine dans un saladier, creusez un puits au centre, ajoutez une pincée de sel puis les œufs entiers. Mélangez avec une cuillère en bois jusqu'à obtention d'une pâte homogène, puis versez le lait petit à petit sans cesser de tourner. Ajoutez l'huile, mélangez à nouveau. Couvrez le saladier et laissez reposer 2 heures. Au moment de faire cuire les crêpes, allongez la pâte avec un petit verre d'eau si elle est trop épaisse.
Faites fondre la valeur d'un petit pois de

beurre dans une crêpière. Dès qu'il grésille, versez une louche de pâte en tournant la poêle afin de bien recouvrir le fond. Laissez cuire à feu moyen pendant 1 à 2 minutes. Soulevez le bord de la crêpe avec une spatule pour vérifier le degré de cuisson, puis retournez-la. Faites-la cuire sur l'autre face, puis glissez-la sur une assiette chaude. Faites cuire les autres crêpes de la même façon, et conservez-les au chaud.

Lavez et épongez délicatement les fruits et réservez-en quelques-uns pour le décor. Mixez-les avec le sucre en poudre, réservez.

Montez le gâteau : déposez une première crêpe sur le plat de service, étalez une couche de crème Chantilly puis arrosez de coulis et renouvelez l'opération en terminant par une couche de crème Chantilly. Décorez avec les fruits réservés.

KOUIGN AUX POMMES

4 personnes **4 GALETTES**

• 250 g de farine • 4 œufs • 50 cl de lait demi-écrémé • 1 cuil. à soupe d'huile • 3 pommes reinette ou golden • 20 g de beurre • quelques gouttes de jus de citron • sel

Réalisation

Mettez la farine dans un saladier, creusez un puits au centre, ajoutez une pincée de sel puis les œufs entiers. Mélangez avec une cuillère en bois jusqu'à obtention d'une pâte homogène, puis versez le lait petit à petit sans cesser de tourner. Ajoutez l'huile, mélangez à nouveau. Couvrez le saladier avec un torchon, puis laissez reposer 2 heures. Au moment de faire cuire les crêpes, épluchez les pommes et râpez-les. Citronnez-les pour qu'elles ne noircissent pas. Ajoutez-les à la pâte que vous allongerez d'un petit verre d'eau si elle est trop épaisse. Faites fondre la valeur d'une noix de beurre dans une grande poêle et dès qu'il mousse, versez la pâte. Faites cuire à feu modéré pendant 4 minutes, soulevez le bord de la crêpe avec une spatule pour vérifier le degré de cuisson, puis retournez-la. Laissez-la cuire sur l'autre face, puis faites-la glisser sur le plat de service. Servez chaud.

■ **Notre conseil** : accompagnez cette galette de confiture de fruits rouges.

MATAFAN AUX POIRES

4 personnes **4 GALETTES**

• 150 g de farine • 30 g de sucre en poudre • 4 œufs • 20 cl de lait • 60 g de beurre • 4 poires • sel

Réalisation

Mettez la farine dans un saladier et ajoutez le sucre et une pincée de sel. Battez les œufs en omelette, versez-les sur la farine petit à petit et mélangez énergiquement. Arrosez de lait sans cesser de battre la pâte.

Pelez les poires et coupez-les en dés. Faites-les revenir avec une noix de beurre dans une

poêle et, dès qu'ils sont dorés, ajoutez-les à la pâte.
Faites fondre le reste de beurre dans une grande poêle et versez la pâte. Laissez cuire à feu modéré jusqu'à ce qu'elle soit prise et retournez le matafan pour le faire dorer de l'autre côté. Faites-le glisser sur le plat de service.

Une variante : vous pouvez aussi préparer ce dessert rustique avec des tranches de pomme.

PANCAKES AU BEURRE D'AGRUMES

4 personnes **8 PIÈCES**

Pâte :
• 170 g de farine • 25 g de sucre • 20 cl de lait • 1 sachet de levure • 3 œufs • 50 g de beurre • sel
Garniture :
• 125 g de beurre • 1 cuil. à soupe de sucre glace • 1 orange non traitée

Réalisation

Mettez 30 g de farine dans un grand bol avec la levure, et arrosez avec trois cuillerées à soupe de lait, mélangez rapidement. Versez le reste de farine dans un saladier, faites un puits, ajoutez deux pincées de sel, le sucre et les œufs battus. Mélangez bien. Incorporez le levain puis le reste de lait. Laissez reposer 30 minutes dans un endroit tempéré.
Prélevez le zeste de l'orange avec un couteau économe et râpez-le. Pressez le fruit. Malaxez le beurre avec le sucre glace, deux cuillerées à soupe de jus d'orange et deux cuillerées de zestes râpés. Faites chauffer un soupçon de

beurre dans une poêle, versez une petite louche de pâte, et faites cuire pendant 1 minute environ. Retournez le pancake dès que des petits cratères se forment en surface et faites cuire de l'autre côté.
Déposez sur une assiette chaude. Préparez les autres pancakes de la même manière.
Servez les pancakes chauds accompagnés de beurre d'agrumes dont chacun tartinera son gâteau.

Index des recettes

CRÊPES SALÉES

•

CRÊPES SUCRÉES

•